もう一つの
日中戦争

寺島 英明

東京図書出版

は　じ　め　に

　今日まで日本と中国との間には、様々な問題が起こってきたが、その最大のものが日中戦争であろう。その中で、日本軍が犯した戦争犯罪である「南京事件」・「三光作戦」・毒ガス・アヘンが、最も重大な問題であると考えられる[1]。
　そこで私は本著でこれらについて、詳しく検証したいと思っている。ところで、2015年が日中戦争終結70周年ということで、人々の日中戦争に対する関心もいよいよ高まっていたので、本著を出版する意義は非常にあると思われるのである。ただ、その中の「南京事件」と「三光作戦」について

---

[1] 毒ガスについては渡辺賢二『陸軍登戸研究所と謀略戦』(2012年　吉川弘文館)に、研究所で「研究を行なった項目……五、有機系毒物(化学兵器)……ホスゲン・イペリット・マスタードガス・アセトン・シアン・ヒドリン(青酸ニトリール)など」(108頁)とある。
　また、本書に「1950年(昭和25)に始まった朝鮮戦争は、アメリカの世界戦略を大きく変えた。特に、細菌兵器に遅れを取っていたアメリカ軍は、その研究・開発・製造を七三一部隊関係者などに依拠することになる。結果、戦犯免責を受けた細菌戦関係者が公然と公職に復帰して活動を始めることとなる」(174頁)とある。
　他に、上山和雄編『柏にあった陸軍飛行場』(2015年　芙蓉書房出版)に「……第四航空教育隊内において、何らかの毒ガス訓練が実施されていたのは間違いないようだ」(136頁)とある。

は、様々な問題点があるので括弧つきとした。

　なお、本著の資料は、防衛省防衛研究所図書館蔵の資料が中心である。防衛研究所図書館の資料は、当事者の資料が大半であり、第一次資料と言えるものである。

目　次

はじめに i

第1章　もう一つの日中戦争 (I)
―「南京事件」― 7

1　はじめに
2　「南京事件」について
3　「三光作戦」について
4　「原爆投下」について
5　おわりに

第2章　もう一つの日中戦争 (II)
―「三光作戦」― 26

1　はじめに
2　「三光作戦」について
3　毒ガスについて
4　おわりに

第3章　もう一つの日中戦争（III）
　　　　── 毒ガスとアヘン ── 60

　　1　はじめに
　　2　毒ガスについて
　　3　アヘンについて
　　4　おわりに

第4章　もう一つの日中戦争（IV）
　　　　── アヘン ── 86

　　1　はじめに
　　2　中国共産党とアヘン
　　3　冀東防共自治政府とアヘン
　　4　蒙疆政権とアヘン
　　5　熱河省とアヘン
　　6　おわりに

第5章　もう一つの日中戦争（V）
　　　　── ノモンハン事件時のモンゴル人 ── 109

　　1　はじめに
　　2　過去の検証

3 最近の検証
4 満州国内のモンゴル系民族
5 両軍の衝突（I）
6 日本軍側の戦死傷者数
7 外モンゴル軍側の戦死傷者数
8 両軍の衝突（II）
9 おわりに

おわりに 138
あとがき 140

第1章

もう一つの日中戦争（I） ―「南京事件」―

1　はじめに

　高等学校の日本史は「日本史A」（以下「A」と略す）と「日本史B」（以下「B」と略す）に分かれていて、「B」は原始から現代まで、どの時代も平等に扱われているが、「A」は大きく前近代と近・現代に分かれていてペリー来航から始まる近代から現代までの記述が教科書の3分の2を占めている。「B」は原始から授業を始め、順を追って説明し、今日の日本の政治・経済・社会・文化のあらゆる点が原始・古代からの積み重ねであることを強調できるので、比較的生徒に教えやすいと言えるが、「A」は近代・現代の比重が高い故、その知識が豊富でないと授業を進める上で困難が生じやすいと思われる。

　さて、私はこれまで「B」の授業は数度行ってきて大体戦後復興を経て、高度成長終了頃までは最終的に到達していた。2年時の日本史は全員必修で、3年時に受験に必要ということで日本史演習を受講する生徒が相対的に多いため、2年の「B」ではその科目に関心を持たせるため時にはエピ

ソードを交え、どの時代でもいつも現代と結びつけて歴史は連続であることを生徒に理解させてきた。

　だが、1999年度「Ａ」を初めて持つことになり、教科書を予習してみると内容についてあらかじめ聞いていたことではあるが、近代・現代の割合が予想以上に非常に高いことを知り、生半可な知識では生徒に教えられないことを痛感した。私は本来はモンゴル現代史研究者であるが、大学在学中、近・現代の歴史研究のクラブに所属した時から今日まで、日本の近代・現代史もかなり勉強してきたつもりであったので、相応の分の予習をし、週４単位の「Ｂ」に比べて「Ａ」は２単位と物理的に苦しいが、近代・現代を生徒に徹底的に理解してもらおうと思い、授業を始めた。

２　「南京事件」について

　1999年度の「Ａ」の教科書は、近代から始まり現代で一応終わり、その後、前近代に戻るという内容を持つ東京書籍であり、私はまず執筆者から目を通してみた。私は癖で、その年に使用する教科書はいつも執筆者名を必ず見ることにしている。周知の通り、今日は文科省検定の強化ということもあり、教科書執筆者が自論をそのまま教科書に載せるということはありえないが、その執筆者名を見れば、ある程度そ

第1章　もう一つの日中戦争 (I)　—「南京事件」—

の執筆者の「色」、つまり思想傾向がわかるのである。そう思って「A」の東京書籍の教科書を開いて後ろの奥付を見ると執筆者の欄に、B大教授のAの名前があった。執筆者の順からしてAが現代史のかなりの部分を執筆したようである。実はAは私の大学在学中の同級生であり、在学中は某左翼政党の大学学生団体の委員長をした活動家であったが、他大学の大学院に行き、B大に移ったようである。彼の思想が当時とあまり変わっていないのであれば、文科省の検定はあるものの、教科書の記述もその「色」でかなり塗り固められているに違いないと思い、とにかく近代・現代史の中で、特に「色」が相対的に出やすい所を重点的に調べてみた。

1931年9月18日、中国東北部の柳条湖で満鉄線路が爆破されたことで開始された満州事変に始まる所謂「十五年戦争」は一番思想傾向が出やすい所である。柳条湖で、日本の関東軍の特務が故意に満鉄線路を爆破して不良中国人の仕業として、戦争を開始したことはすでに明らかとなっており、この点に問題はない。1937年7月7日に中国北京近郊の盧溝橋で日中両軍が偶然に衝突して日中全面戦争に拡大したことも、動かしようがない事実である。だが、問題は、1937年12月におこった「南京事件」である。

「南京事件」について、東京書籍の教科書にはこう書かれて

いる。

> 捕虜をはじめ、婦女子をふくむ一般住民が10数万人以上殺害されたといわれ、当時世界では注目されたが、日本国民にはまったくしらされなかった。

　ここで、「南京事件」に関する様々な見方を詳しく検証してみよう。

　見方は、南京虐殺事件はなかったとする派（以下(1)とする）、南京虐殺はあったが、実数が数万以内とする派（以下(2)とする）、南京虐殺は最低でも10万人以上とする派（以下(3)とする）の３つに大別できる。(1)は「まぼろし」派、(2)は「中間」派、(3)は「大虐殺」派と言われていて、これは戦争に対する評価ともつながってくるので難しい問題であるが、まず私なりに様々な歴史書から検討していきたい。

　最初は、概説書である。まず、今井武夫『近代の戦争５中国との戦い』には「……事件の全貌については不明の点が多いが、市民の被害は死者一万数千以上という者もあり、家

第1章　もう一つの日中戦争 (I)　―「南京事件」―

屋の破壊、放火、略奪、暴行などが行われた」⑴（傍点は引用者。以下同様）とあり、⑵と言える。次に林茂『日本の歴史25　太平洋戦争』には「……みさかいもなく一般民衆にたいする虐殺がつづくのであり、十五日の夜だけで二万人が殺されたといわれる」⑵とあり、やはり⑵であろう。また伊藤隆『日本の歴史30　十五年戦争』には「南京陥落の際、日本軍により、現地住民の大虐殺がおこなわれたといわれている」⑶とあり、⑵に区分できるであろう。一方、江口圭一『大系日本の歴史14　二つの大戦』には「十数万人から二〇万人以上にたっするものと推定される」⑷とあり、⑶である。北岡伸一『日本の近代5　政党から軍部へ』には「……当時の日本軍の規律の乱れぶり、国際法に対する意識の低さ、捕虜に対する準備の欠如などから考えて、……その数は、はっきりとしたことは分かりようがないが、少なくとも……一万六〇〇〇人、おそらく四万人……あたりではな

⑴　今井武夫『近代の戦争5　中国との戦い』(1966年　人物往来社) 108頁
⑵　林茂『日本の歴史25　太平洋戦争』(1967年　中央公論社) 64頁
⑶　伊藤隆『日本の歴史30　十五年戦争』(1976年　小学館) 197頁
⑷　江口圭一『大系日本の歴史14　二つの大戦』(1993年　小学館) 314頁

いかと考える」[5]とあり、これも(2)である。西尾幹二『国民の歴史』には「……南京陥落時に何が起こったにせよ、……通例の戦争犯罪の枠内の出来事を決して越えないことはあまりに明らかである」[6]とあり、(1)と(2)の間と言える。まとめれば、概説書は大体、(2)を採っている。

　次に専門書である。(1)の代表が鈴木明であり、『「南京大虐殺」のまぼろし』では「……一度植えつけたイメージを消すことは、植えつけることの百倍も困難である。おそらく、このようなプロセスを経て『南京虐殺』は人々の脳裡に定着した」[7]と述べ、「まぼろし」を強調していたが、『新「南京大虐殺」のまぼろし』では「……僕は出来れば、『南京大虐殺』なるものの真の実数を知りたい、と思う。それが三十万であろうと、三万三千三百三十三人であろうと、たとえ『三千人』であろうと、虐殺は虐殺である」[8]とあり、かつての(1)の代表者が最近では(2)に限りなく近づいているよ

---

[5] 北岡伸一『日本の近代5　政党から軍部へ』(1999年　中央公論新社) 293頁
[6] 西尾幹二『国民の歴史』(1999年　産經新聞社) 735頁
[7] 鈴木明『「南京大虐殺」のまぼろし』(1973年　文藝春秋) 266頁
[8] 鈴木明『新「南京大虐殺」のまぼろし』(1999年　飛鳥新社) 502頁

うに見える。(1)の論者に田中正明もいる。彼は「〝南京大虐殺〟とは、広島・長崎の原爆投下による三〇万近い非戦闘員の虐殺、東京都はじめ全国64都市の盲爆による数十万の市民の殺傷、女子供の虐殺、それとのバランスをとるための『つくり話』なのである」[9]と述べている。また、東中野修道も『「ザ・レイプ・オブ・南京」の研究』の中で「ところで、『南京虐殺』があったかなかったかという問題において『なかった』と証明することは、大変むずかしいのである」[10]としつつ、なかったと強調している。他に松村俊夫も『「南京虐殺」への大疑問』で「……日本軍が、彼ら(中国敗残兵 —— 引用者注)を投降兵ではなく逃亡兵として摘出し、実数は不明だがその多くを捕縛射殺した」[11]としていて、多くはない、としている。

次に(2)の代表が秦郁彦であり、『現代史の光と影』で「……犠牲者数を四〜六万人とすれば、この種の矛盾は起きず、むりのない説明が可能である」[12]とあり、多くても6万人、としている。渦中にいたドイツ人ジョン・ラーベ(平野

---

[9] 田中正明『國、亡ぼす勿れ』(1998年　展転社) 50頁
[10] 東中野修道他『「ザ・レイプ・オブ・南京」の研究』(1999年　祥伝社) 172頁
[11] 松村俊夫『「南京虐殺」への大疑問』(1998年　展転社) 397頁
[12] 秦郁彦『現代史の光と影』(1999年　グラフ社) 26頁

卿子訳）の『南京の真実』でも「我々外国人はおよそ5万から6万人とみています」[13]とある。また、板倉由明も『本当はこうだった南京事件』で「……南京事件における最大の争点、虐殺即ち不法殺害の数は、およそ一万から二万であった、と結論する」[14]と述べている。

次に(3)の代表が洞富雄であり、『決定版南京大虐殺』で「二〇万人」[15]としている。笠原十九司も『南京事件』で「二〇万人以上」[16]としている。藤原彰も『南京大虐殺否定論13のウソ』で「南京大虐殺についても、東京裁判は、その全体像を明らかにしたという意味をもっている」[17]として、「20万人以上」が殺された、としている。

次に歴史事典である。『アジア歴史事典』(1961年　平凡社)では「……城内だけでも一万以上の非戦闘員が殺され、略奪暴行事件は頻発し、また捕虜の集団殺害も実施されたと

---

[13] ジョン・ラーベ（平野卿子訳）『南京の真実』(1997年　講談社) 317頁
[14] 板倉由明『本当はこうだった南京事件』(1999年　日本図書刊行会) 200頁
[15] 洞富雄『決定版南京大虐殺』(1982年　徳間書店) 150頁
[16] 笠原十九司『南京事件』(1997年　岩波書店) 228頁
[17] 南京事件調査研究会『南京大虐殺否定論13のウソ』(1999年　柏書房) 22頁

第1章　もう一つの日中戦争 (I)　―「南京事件」―

いわれる」(臼井勝美筆) とあり、『日本歴史大辞典』(1970年　河出書房新社) では「……南京のみで約4万2千の中国人が殺され、その大部分が婦女子であった」(池田誠筆) とあり、両者共(2)であるが、『國史大辞典』(1989年　吉川弘文館) では「南京虐殺事件」の項目に「……同裁判 (東京裁判のこと ── 引用者注) では20万以上、最近の中国側の公表では30万以上とされている。……日本国内には事件が虚構だとか、誇張されすぎているという主張もあるが、そのことはいっそう被害者である中国側の批判を強めている」(藤原彰筆) とあり、(3)である。

　最後に、他の教科書である。「A」では、実教出版『高校日本史A』に「……日本軍は……中国人推計約20万人を殺害し、略奪・放火や婦女子への暴行をおこなった」とあり、(3)であるが、清水書院『新日本史A』に「南京占領に際し、日本軍は婦女子をふくむ多数の住民を虐殺した」とあり、(2)である。「B」では山川出版社『詳説日本史』に「日本軍は非戦闘員をふくむ多数の中国人を殺害し、敗戦後、東京裁判で大きな問題となった」とあり、(2)であるが、東京書籍『日本史B』に「日本軍は、数週間のあいだに南京市街地の内外で、婦女子をふくむ多くの中国人を殺害した。その数は、捕虜もふくめて20万人にもおよぶと推定されている」とあり、(3)である。

このように、(1)・(2)・(3)を概説書・専門書・歴史事典・教科書の記述に分けてまとめてみたが、一言で言うとすると「戦争中であるから行きすぎた行為もあったであろうし、捕虜虐殺もあったかもしれないので、まぼろしは全く論外であるが、かと言って当時の南京の人口が30万人前後だと言われている中で20万人以上が殺されたというのも問題である。やはり5～6万人だったのではないか」というのが真相に近いと思われる。実はこの言葉は、私が「南京事件」を調べている過程で東京都目黒区の防衛研究所の図書館に行った折、研究員で「南京事件」研究者の、軍事史研究家のH氏から直接伺ったものであり、話を聞いていて、真実味があった。

　これを「A」の教科書の話に戻すと、Aは「10数万人以上殺害された」とはっきり書いているのである。文科省検定を通っている故、日本史の教師はそれを鵜呑みにし、何も知らない生徒にそのまま教え、「日本のわれわれの先祖は中国でいかに残酷なことをしたか」と生徒の胸に深く刻ませることになってしまうのである。

　しかも、「南京事件」の説明は、概説書・専門書・歴史事典・教科書を問わず、いずれも例外なく「……といわれている」というように伝聞体であり、これは問題である。真相は今一歩不明なのである。

第1章　もう一つの日中戦争 (I) ―「南京事件」―

　次に、「南京事件」の証拠写真について述べてみたい。私が授業で使用した副教材の東京書籍『図説日本史』(1999年)に載っている写真がある。死体の写真である。

　その注に、「南京大虐殺の現場」として「犠牲者の総数は約20万人におよぶともいわれている」と書かれている。いかにも「南京事件」そのものの残酷な写真のように見える。だが、載っている写真は実は、前掲の『「ザ・レイプ・オブ・南京」の研究』の82～90頁によれば、揚子江上流での日中間の戦闘で戦死して下流に流れついた中国兵の死体であるという。「南京事件」とは何の関係もないのである。知識を持たない教師はまたもここで、生徒に「われわれの先祖はいかにひどいことをしたか、これが証拠である」と語るのであろう。これもまた大いに問題である。しかもまた、「……といわれている」という伝聞体である。何故にこうも日本の研究者は中国の言いなりになり、別の戦闘の写真を「南京事件」の証拠写真としてすりかえている、にせ物を堂々と教科書の副教材に載せるのであろうか。

　やはり、「南京事件」の説明は、前述した、教科書の山川出版社『詳説日本史』の文が一番的を射ていると思われる。

　中国人は昔から「白髪三千丈」といって、表現を何十倍も大げさに言う民族である。それを鵜呑みにする日本の研究者こそ問題である。

3 「三光作戦」について

　日本軍は日中戦争勃発後、中国戦線の泥沼から脱却できずに戦闘が長引き、中国大陸で点と線しか支配できず、「Ａ」の東京書籍の教科書によれば、各地で「うばいつくし、殺しつくし、焼きつくす三光作戦をくりひろげ」たと言われている。私はこの言葉を高校生の時、光文社発行の本の名前で知り、「光」とあるので何か明るい意味を持つ言葉と思ったが、本当の意味を知り、衝撃を受けた記憶がある。今日では定着している言葉と思っていたが、果たしてそうか。実は、松村俊夫前掲書によれば「終戦後、シベリアに抑留され、ついで中国に移されて長年月を過ごした元日本軍将兵が証言したもので、いつしか日本語として用いられているその本当の姿がここにあった」[18]とあり、中国国民軍が退却時に行ったものであるという。日本軍のみが行ったのではないのであり、「Ａ」の東京書籍の教科書の記述は明らかに誤っている。

　「三光作戦」について、概説書と教科書を若干検討してみたい。まず、概説書である。野村浩一『中国の歴史９　人民中国の誕生』に「……百団大戦によって手痛い打撃を受けた華

---

[18] 松村俊夫前掲書31頁

第1章　もう一つの日中戦争 (I) ―「南京事件」―

北の日本軍は、その報復として、いわゆる『三光作戦』を開始した」[19] とあり、藤原彰『昭和の歴史5　日中全面戦争』に「……中国共産党は、この日本軍の対民衆、対共産党の強圧政策を、『三光政策』（……）と名づけて非難した」[20] とあり、また江口圭一前掲書『大系日本の歴史14　二つの大戦』に「この殺しつくし奪いつくし焼きつくす『燼滅作戦』は、中国側に深甚な被害と打撃をもたらし、三光作戦（……）という非難をあびた」[21] とある。だが、他の概説書には「三光作戦」は載っていないのであり、一部の学者が勝手に中国共産党の主張を鵜呑みにして、文を書いているだけと言える。

　次に、教科書である。「A」では他に、前掲実教出版『高校日本史A』に「……日本軍は……抗日根拠地への攻撃で……『三光作戦』をおこなった」とあり、前掲清水書院『新日本史A』に「また、1941年からの数年間は共産党支配地区に対して、放火、殺りく、略奪の三光作戦を展開した」とあるが、「B」では第一学習社『日本史B』に「中国軍のゲリラ戦に対して日本軍は、殺し尽くし、奪い尽くし、焼き尽

---

[19] 野村浩一『中国の歴史9　人民中国の誕生』（1974年　講談社）369頁

[20] 藤原彰『昭和の歴史5　日中全面戦争』（1982年　小学館）294頁

[21] 江口圭一前掲書『大系日本の歴史14　二つの大戦』413頁

くす『燼滅作戦』を展開した」とあるのみで、他の教科書には記載がない。ということは、「三光作戦」が事実かどうか不明だからであろう。

　ここで、私は小学校3〜4年の時に見た『革命の河』という映画を思い出す。見る前に内容をよく調べなかったので、太平洋戦争時における日本軍人の活躍でも描いたフィクションの映画だと思ったが、見てみると、思わず目をそむけたくなるような残酷な場面の連続の記録映画であった。その中で特に印象に残っているのは、中国の辛亥革命時か軍閥混戦の頃、中国人軍人により後ろ手に縛られた中国人男性が頭をピストルで撃たれて処刑されるシーンであった。子供心にその時、中国人というのは何と残酷なのだろうと思った。「三光作戦」の正体も、日本軍の行動ではなく、中国軍なのではないだろうか。『革命の河』の主題は、戦争や革命がいかに残酷かを訴えるものだったのだろうが、中国人の残忍性しか印象に残っていないのである。

　だが、またしても、深い知識のない教師は、日本軍の残酷さを「三光作戦」を別の例として強調するに違いない。生徒はますます「野蛮な日本兵」の子孫たることを恥じ入るようになるであろう。恐ろしいことである。「A」の東京書籍の教科書では一応「抗日根拠地などでは」というように場所を

第1章　もう一つの日中戦争 (I)　―「南京事件」―

限定しているが、よく調べない教師は他の地域でも行われていたに違いないと思いこむであろう。これも、問題である。

4　「原爆投下」について

　最後に、十五年戦争を終わらせる大きな原因になったといわれる、1945年8月6日と9日の広島、長崎へのアメリカ軍による原子爆弾投下について、考えてみたい。

　私は「A」の授業で、1941年12月8日の、日本軍によるアメリカ・ハワイ州真珠湾への奇襲攻撃について、定説ではアメリカのローズヴェルト大統領にも「寝耳に水」であり、怒った大統領が「リーメンバー・パールハーバー」と叫び、アメリカ合衆国国民を結束させた、となっている。だが、実はアメリカ政府は日本の攻撃を前から知っていて、アメリカ国民を団結させるため、「知らないふり」をして、わざと日本に攻撃させ、国民を開戦へと持っていったというアメリカの「謀略説」もあると述べておいた。

　つまり、アメリカ国民がヨーロッパ戦線への参戦をしぶっていたので、ローズヴェルト大統領は謀略で日米開戦させ、同時にヨーロッパ戦線にも参戦しようとしたのであり、結果的には、アメリカが日本と戦争状態に入ったのを見たドイツが対米宣戦布告をして、アメリカがヨーロッパ戦線に参戦で

きることになったのであり、ローズヴェルト大統領の思うつぼとなったのである。

　歴史は表の一面だけではないのである。確かに、日本は中国を侵略したが、アメリカ政府が1941年11月に日本に突き付けたハル・ノートは日本の中国からの完全撤退を謳っていて、到底日本の受け入れられないものであり、絶望的になった日本が対米開戦をしたのである。アメリカ政府は、最初から日米交渉決裂を願って、ハル・ノートを突き付けたのではないかと疑ってみたくなる。

　1941年12月に勃発した太平洋戦争は、初戦は日本が優勢であったが、1942年6月、太平洋上のミッドウェー海戦の日本海軍の大敗北で戦局は一気に逆転し、アメリカ軍による日本本土爆撃も始まり、1945年6月沖縄戦で、その人口の3分の1近くが死亡するという激戦もあり、残るは日本本土のみとなった。

　同年7月、アメリカ・中華民国・イギリスの三国首脳が日本に無条件降伏を勧告するポツダム宣言を発表したが、日本が黙殺したため、アメリカのトルーマン大統領（4月にローズヴェルトが死亡したため、副大統領から昇格していた）は原子爆弾製造の「マンハッタン計画」を急ぎ、自国内で実験が成功したため、8月6日広島（第一目標であった）、8月9日長崎（第三目標だったが、第二目標の小倉が前日の爆撃

第1章　もう一つの日中戦争 (I) ―「南京事件」―

で空が曇っていたため、目標変更した）に投下して、前者で15万〜16万人、後者で7万人が即死したのである。

　だが、「A」の東京書籍の教科書には、人類史上かつてない犯罪行為であるアメリカの原爆投下について、記述が非常に少なく思えるのはなぜか。語調が、日本の「侵略」をことさらに強調し、原爆投下をあまり批判していないようにも見える。これは、思うにAの意見として、「南京大虐殺を行った野蛮な日本の侵略戦争は、アメリカが日本に2発原爆を投下したから終わらせることができたのである」というのが根底にあるのではないだろうか。つまり、日本軍の大犯罪行為と比較して、アメリカによる原爆投下は日本の敗戦に貢献したのだから、むしろ正当であると考えているのではないだろうか。

　もし、そうであるならば、長崎を修学旅行で何回も訪問し、悲惨な体験を被爆者から直接伺った私としては、到底許すことはできない。Aは言うかもしれない。原爆投下がなかったならば、本土決戦となってさらに多くの日本人が死亡したであろうと。だが、反論したい。では広島、長崎で即死した人々の生命はどうなったのであろうか。平和に暮らし、戦時下ではあったが、明日の生活を夢見ていた人々の命を一瞬にして原爆は奪ったのである。「人の命は地球よりも重

し」である。私は、日米開戦も、アメリカのローズヴェルト大統領の謀略説を信じたいので、トルーマン大統領の原爆投下も絶対許せないと思っている。アメリカは、日本人が野蛮な、侵略した国家の人々を大虐殺する民族性を持っている民族であるから、原爆で人体実験をしてやれ、くらいの気持ちを持っていたのではないかと思っている。

　アメリカは戦争中一貫して、「ジャップ」（日本人を軽蔑して言ういい方）意識を持っていたという。アメリカの原爆投下は、ヒトラーのユダヤ人600万人虐殺に劣らない、人類史上最大の犯罪行為である、と何回も言いたい。私は、「A」の授業で、このことを特に強調しておいた。生徒も真剣に聞いてくれていて、よく理解していたようである。

　また、1941年12月に勃発した太平洋戦争の呼び方について、戦時中は日本で「大東亜戦争」としていたが、これは軍部がアジアに新しい「大東亜共栄圏」を建設するために戦争を始めた、と称して戦争を美化して付けた名称故、問題外である。ただ、「A」の東京書籍の教科書に「近年は、戦争の性格からアジア太平洋戦争と称されることも多い」とあるが、これは問題である。一部の学者がそう言っているのみであり、決して定着しているわけではない。多くはなく、むしろ少数である。やはり、「太平洋戦争」という呼び方の方が、戦争の内容や性格を的確に表現していると思う。

第 1 章　もう一つの日中戦争 (I) ―「南京事件」―

5　おわりに

　このように、日本史の中の十五年戦争の、「南京事件」、「三光作戦」、「原爆投下」に論点を絞って様々述べてきた。私はこの内容を 2 年生の「A」の授業で私なりに判断したことも含めて、説明してきた。生徒も関心を持って聞いてくれていて、定期試験の時などに感想を書かせると、結構掘り下げた意見も書いてあった。全体に言えることは、当然「戦争は二度としてはいけない」ということである。私も同感である。だが、事実をそのまま教えることが最も大事であり、「A」の東京書籍の教科書のように「うそ」を並べて生徒に変な先入観を持たせても何にもならないのであり、誤っているのである。事実を丁寧に教え、生徒に戦争の悲惨さを訴えることこそが、近・現代の授業の中で最も重要であると思う。

　以下、また続編を書こうと思っている。内容が「検証　日本史Ａの教科書」に近くなってしまったが、私の意は酌んでいただけると思う。

第2章

もう一つの日中戦争 (II) ―「三光作戦」―

1 はじめに

　私は、前章で、東京書籍刊教科書の『日本史A』の、十五年戦争に関する記述について、「南京事件」・「三光作戦」・「原爆投下」に関する様々な問題点を検証し、一応の結論を出しておいた。本章は、その続編ということで、日中戦争中の日本軍による「三光作戦」と毒ガスに論点を絞って詳しく検証し、諸先生の御批判を仰ぎたいと思っている。

2 「三光作戦」について

　日中戦争中に日本軍が主に抗日根拠地で行ったといわれている「三光作戦」について、そもそも私が注目した東京書籍の教科書『日本史A』にはこうある。日本軍は「うばいつくし、殺しつくし、焼きつくす三光作戦をくりひろげ」[1]たと。この「三光作戦」について、概説書、専門書、歴史事典、教

---

[1] 東京書籍『日本史A』107頁

第2章　もう一つの日中戦争 (II)　―「三光作戦」―

科書の順に検証したい。

　まず、概説書である。歴史学研究会編『太平洋戦争史3　日中戦争II』に「この方針は百団大戦後解放区にたいする徹底した治安作戦、残忍な『三光作戦』となって具体化された」[2]とあり、由井正臣筆である。野村浩一前掲書『中国の歴史9　人民中国の誕生』に「……日本軍は、その報復として、いわゆる『三光作戦』を開始した。……つまり『三光作戦』とは、辺区を分断、縮小し、消滅させるおそるべく野蛮残忍な行動だった」[3]とあり、藤原彰前掲書『昭和の歴史5　日中全面戦争』に「中国共産党側は、この日本軍の対民衆、対共産党の強圧政策を『三光政策』（……）と名づけて非難した」[4]とある。木坂順一郎『昭和の歴史7　太平洋戦争』に「日本軍の『三光政策』はなかなかおさまらなかった」[5]とあり、江口圭一前掲書『大系日本の歴史14　二つの大戦』に「『燼滅作戦』は、中国側に深甚な被害と打撃をもたらし、

---

[2]　歴史学研究会編『太平洋戦争史3　日中戦争II』（1972年　青木書店）361頁
[3]　野村浩一前掲書『中国の歴史9　人民中国の誕生』369頁
[4]　藤原彰前掲書『昭和の歴史5　日中全面戦争』294頁
[5]　木坂順一郎『昭和の歴史7　太平洋戦争』（1982年　小学館）211頁

三光作戦（……）という非難をあびた」[6]とあり、また狭間直樹『世界の歴史27　自立へ向かうアジア』にも「三光作戦での日本軍の残虐ぶりについても多くの証言がある」[7]とある。

　だが、これ以外の概説書である、今井武夫前掲書『近代の戦争5　中国との戦い』、林茂前掲書『日本の歴史25　太平洋戦争』、北岡伸一前掲書『日本の近代5　政党から軍部へ』などに「三光作戦」の記述は皆無であり、わずかに伊藤隆前掲書『日本の歴史30　十五年戦争』に、百団大戦に対する「攻撃の過程で民衆にまぎれこんだ共産軍を捕捉撃滅するために日本軍にそうとう無茶な行動もみられ、反日の空気を醸成した側面があった」[8]とあるのみである。初めの6冊の著者はいずれも左翼系学者故、彼等が中国共産党の主張を勝手に鵜呑みにして書いているとも言えるが、ひとまず結論は保留にしておきたい。

　次に専門書である。まず、本多勝一『中国の旅』の「三光

---

[6]　江口圭一前掲書『大系日本の歴史14　二つの大戦』413頁
[7]　狭間直樹『世界の歴史27　自立へ向かうアジア』（1999年　中央公論新社）185頁
[8]　伊藤隆前掲書335頁

第2章　もう一つの日中戦争 (II)　―「三光作戦」―

政策」[9]がある。本多勝一は言う。「『三光作戦』は、日本が太平洋戦争に突入して末期的症状を示すにつれ、華北を中心にますます残虐にすすめられた」[10]と。彼は1940年1月の、河北省唐山近郊の潘家峪村での日本軍による「三光作戦」について当時の中国人生存者から1971年7月に聞き取り調査をして、本書に詳しく書いている。素直に本書を読めば日本軍は本当に「鬼子」（鬼のような人間の意）であり、このような残虐なことが戦争中とはいえ、できるのだろうかと目を疑い、その日本人兵士と同じ民族であることを恥じるかもしれない。だが、疑問点がある。本多勝一の聞き取り調査の時期は、いわゆる「三光作戦」から30年も経っている。そんな昔のことを、まるで昨日のことのように中国人がこれほど鮮明に覚えているものだろうか。残酷な描写が多いが、お許し願って1カ所、例として挙げておきたい。「妊婦は銃剣で腹を裂かれ、腸とともに胎児も放り出し、動く胎児を突き殺した」[11]。さらに文中の330～331頁には焼け焦げた中国人民の死体の写真まで載せている。だが、これが果たして1940年1月の日本軍の作戦時の写真かどうかもわからないのであ

---

[9] 本多勝一『中国の旅』(1972年　朝日新聞社) 301～343頁
[10] 同上302頁
[11] 同上318頁

る。日本軍の従軍記者が撮る筈もないし、中国人民がカメラを持っていたとは思えない。全く別物の写真かもしれず、すべて「ためにする宣伝」としか思えない。

　文中の315頁の写真には、日中戦争中に民家の壁に書かれたらしき「打倒日本帝国主義」というスローガンが、説明している中国人の横にそのまま写っているが、何をか言わんや、である。わざとらしいのであり、日本の取材陣が来るのであわてて中国人が壁に書いたのではないだろうか。中華人民共和国が成立して22年も経っているのに、村の、記念館でもない建物の壁に、日中戦争期の中国側のスローガンが残っている筈がないのである。本多勝一は中国人の話を聞いて少しも疑いの気持ちを持たなかったのであろうか。いや、本多勝一は疑う筈がない。〝中国人民の言うことはすべて正しい〟と信じている左翼系記者なのだから。だが、中国共産党の八路軍に中国人民が協力すれば、日本軍の攻撃を受けるのは当然である。中国人がしようと思えば、話などはいくらでもでっち上げることができるのである。

　中国人住民の一人が言っている。「私たち潘家峪の住民も……遊撃隊（ゲリラ）を組織し、不屈の戦闘をくりひろげた」[12]と。語るに落ちた、とはこのことであろう。自ら軍人

---

[12] 本多勝一前掲書305頁

第２章　もう一つの日中戦争（II）―「三光作戦」―

であったことを暴露しているのである。彼等は中国の正規軍と全く変わらないのであり、日本軍の帰討作戦を受けて当然である。それを中国人の「幼児のマタを裂いて殺した」[13]などと書いている。戦争中であるから多少行きすぎた行為もあったであろうが、こんなことは絶対ありえないのである。本多勝一の文章は信用できない。

　次に「三光作戦」そのものを扱った、中国帰還者連絡会編『完全版　三光』がある。これは元日本軍兵士が中国大陸で中国人を虐殺したと生々しく告白している手記を集めた書物であり、本多勝一が「まえがき」を寄せている。本書の最初の手記「日本鬼子―軍医の野天解剖―」に「……小笠原軍医は、白いゴム手袋をはめると、腹部をずたずたに切りはじめた」[14]などとある。残酷この上ない描写で、このたぐいの話が延々と続く。

　だが、少しおかしいのである。手記であるから日本人が文章を全部書いた筈だが、この手記の文末に「鬼どもを乗せた自動車は電灯の明滅する新京の街に突っ走っていった」[15]と

---

[13] 本多勝一前掲書317頁
[14] 中国帰還者連絡会編『完全版　三光』（1984年　晩聲社）19頁
[15] 同上21頁

ある。日本兵は確かに当時中国人民から「鬼子」と呼ばれたが、元日本人兵士が自分達のことを鬼などと書く筈がない。この文は実は中国人が書いたものなのではないだろうか。つまり中国人によるでっち上げのにせ文章なのでは、という考えが最初の手記から私の頭に浮かび、以下のすべての手記の生々しい描写が全部嘘に思えてきた。この最初の手記の途中に「種豚のように肥えている太田曹長は……」[16]という記述もある。共に死線を潜っている戦友のことを「種豚」などと書くだろうか。手記の後ろに、本人の懺悔録がもっともらしく載っている。曰く、「当時の私は、己れの行為はやむを得ないことだと自慰していたのであります。そして、すべての責任を戦争に転嫁していたのであります」[17]と。これも疑ってみれば切りがない。どの手記にも懺悔録がついているが、どの文章も型が不思議と皆同じなのである。《私はかつて中国との戦争の中で残酷なことを平気でしてきた。日本に軍国主義が復活しつつある今（1982年当時）、反戦のために奮闘します》という内容である。しかも告白した本人の所属部隊や出身地まで書いてある。表面だけ見れば、いかにも元日本人兵士が書いたかのようである。だが、文章がおかしいので

---

[16] 前掲書『完全版 三光』16頁
[17] 同上21〜22頁

第2章　もう一つの日中戦争 (II) ―「三光作戦」―

ある。

　例えば二番目の手記の「細菌戦 ― 七三一部隊の蛮行 ―」にも、「……侵略者はこの母親を辱しめようと襲いかかっていきました」[18]との記述がある。元日本人兵士が自分達のことを侵略者などと表記する筈はないのである。文章のでっち上げである。想像するに、日本人兵士が中国での犯罪行為を戦後中国で戦犯として裁かれた時に自白した内容を、中国側が多くの嘘も交えて何十倍にも拡大して、恰も本人が語っているかのように文章を作ったのではないかと思われる。

　手記「汚された泉 ― 井戸へ放り込み惨殺 ―」にも、井戸に投げこまれた中国人農民が「……祖国のため、子どもたちのためにと、はげしい鬼子への憎しみのみが胸までつかる水に自由を奪われながら、手足を動かしていた」[19]とある。やはり、日本人兵士が自分達のことを「鬼子」と書く筈がないのである。他の手記でも、こういったたぐいの不自然な描写が多い。手記「血の会食 ― 市場に砲弾を撃ち込んで略奪 ―」にも「鬼どもの高笑いが、壁にひびき、洋灯の明かりに大入道のような影が、ユラユラと不気味に天井にうつっ

---

[18] 前掲書『完全版　三光』32頁
[19] 同上134頁

た」[20]とある。このたぐいの文章を抜き出していけば、切りがない。また、本書の手記の中には告白者が一人称で書かれている手記（「私」）と、三人称で書かれている手記（例えば「佐藤」）とがあり、前者だと本人が事実を告白しているように見えるが、後者だといかにも胡散くさい文章に見えるのである。だが、本書のどの手記も大体後者の文体になっている。例えば佐藤五郎の手記「焼け火箸 ― 拷問のあげくに斬首 ―」には、「佐藤一等兵が……泥棒鼠のような格好をして」[21]とある。自分のことを「泥棒鼠」などと書くだろうか。まして「泥棒猫」とは言うが、「泥棒鼠」という言葉は聞いたことがない。不自然な日本語なのである。

　本書の「あとがき」にこうある。「自分の過去を断罪する意識の高揚の中で書かれた手記であるため、自らの悪を極度に強調する傾向があることは否定できない。しかし、書かれている内容は事実である」[22]と。やはり、語るに落ちた、と言える。にせの文章であることを自ら暴露しているのである。本書の文章は一切、信用できない。

　まとめれば、本書は、嘘で塗り固められたでっち上げの、

---

[20] 前掲書『完全版　三光』174頁
[21] 同上43頁
[22] 同上275頁

第2章　もう一つの日中戦争 (II) ―「三光作戦」―

作り上げられた文章の羅列の書であると断定してよいと思われる。

　専門書の三番目に、姫田光義『「三光作戦」とは何だったか』がある。彼は本書の最初に1943年夏の、河北省で日本軍によって行われた「三光作戦」の被害者達から1995年3月に聞き取り調査をした内容を書いている。だが、ここでも本多勝一前掲書と同様中国人被害者と称している者が半世紀も前のことを、昨日のことのように鮮明に覚えているのが不思議である。彼等は本当に被害者なのだろうか。例えば「母親は……捕まって強姦されたうえ腹をえぐられて死んだ。……祖父は八路軍の歩哨役をやっていて、……眼球までえぐり取られて殺された」[23]とある。

　日本軍と戦争をしている八路軍兵士なのだから、殺されてしまうこともある。近現代史上、日本人よりもむしろ中国人の方が残忍であったという。「眼球」うんぬんは逃亡途中の中国国民党軍兵士が日本人兵士の仕業に見せようとして行ったのではと疑いたくもなってくる。戦争中であるから行きすぎもあったであろうが、やはりこの表現は度が過ぎてい

---

[23] 姫田光義『「三光作戦」とは何だったか』(1995年　岩波書店) 14頁

る。姫田光義はこれを聞いて、疑問を持たなかったのだろうか。彼は、「日本人に多い、……中国人は信用できない、『白髪三千丈』式の大げさなものばかりだといった非難は、わたしにはどうかと思われる」[24]や「証拠がないから、そんなことはなかったと主張するのか、証言こそが証拠だと考えるのか、われわれ日本人の良識による判断に委ねられているといっても過言ではない」[25]と書いていることから、中国人の言うことはすべて正しいと思っているのであろう。日本人兵士も多数殺されていることを書かないで、一方的に中国側に被害があったことのみを強調するこの聞き取りの文章は、信用できないのである。

　姫田光義は本書の後半で、日本軍が行った「三光作戦」を詳述している。だが、これは日本軍が1940年8月から12月にかけて中国共産党軍が行った「百団大戦」で痛手を受けたのでそれに対して討伐の意味で行った掃討戦であり、日本軍の軍事行動の一環なのだから、行きすぎもあったが、やむを得なかったのではないか、という思いが私には浮かんでくるのである。「三光作戦」という言葉自体も、日本軍の作戦が厳しさを増したので、中国共産党側が一方的につけた造語で

---

[24] 姫田光義前掲書15頁
[25] 同上48頁

第2章　もう一つの日中戦争(II) ―「三光作戦」―

ある。姫田光義自身も言い訳している。「中国人が使った言葉を日本人が無批判無条件で使用するのはけしからん、中国人に追従しているという人びとがいるが、そんなことはない。日本人が中国から到来した言葉や字句をそのまま使っていることは無数にある」[26]と。だが、他のいわゆる中国からの外来語の例とは異なるのであり、姫田光義の言い方はおかしいのである。

姫田光義は「河北の『三光』による被害者は250万人ほどだから」[27]と、中国側の被害のみを強調し、「わたしたち日本人は過去の加害の事実を率直に語り、おわびするとともに二度と再び愚行は繰り返しませんと誓うべきではないだろうか」[28]と言っているが、戦後日本政府は何回も中国政府に謝罪している。けりはついているのであり、これ以上謝罪する必要はないのである。姫田方式であると、21世紀になっても永遠に中国に謝罪し続けなければならない。

日中戦争は確かに日本軍による侵略戦争であったが、日本軍の作戦一つ一つをあげつらって日本人の残虐性を過度に暴くのは同じ民族であるわれわれのするべきことではない。私

---

[26] 姫田光義前掲書59頁
[27] 同上60頁
[28] 同上62頁

は、本多・姫田両氏が日中戦争中の日本軍の作戦の一つにすぎない掃討戦について、あまりにも嘘の記述を並べているため、両氏を批判したわけである。

　専門書の最後に、松村俊夫前掲書『「南京虐殺」への大疑問』がある。松村俊夫は、「三光作戦」は中国国民党軍が行ったものであると断定し、「終戦後、シベリアに抑留され、ついで中国に移されて長年月を過ごした元日本軍将兵が証言した」[29]ため、日本軍の作戦とされてしまったとしている。これは、前掲書『完全版　三光』の多数の告白兵士のことを指しているようである。

　次に歴史事典である。京大編『新編　東洋史辞典』(1980年　東京創元社)の「三光政策」の項に「……蒋介石は……三光政策を実施した。……のち日本軍も占領地区でこの三光政策を実施したことがある」とあり、本来は中国国民党軍の政策であったことが述べられている。また、毎日新聞社編『最新昭和史事典』(1986年　毎日新聞社)の「三光」の項に、「殺光（殺しつくす）、焼光（焼きつくす）、略光（奪いつくす）の総称。日中戦争を通じて日本軍が中国大陸で行った暴行の

---

[29] 松村俊夫前掲書31頁

第2章　もう一つの日中戦争（Ⅱ）―「三光作戦」―

典型とされ、戦犯の告白、手記の中に出てくる」とある。これも、前掲書『完全版　三光』の手記のことであろう。「三光作戦」が書かれているのはこの２冊のみである。２冊の歴史事典とも、「三光作戦」の存在を疑っている書き方である。

　最後に、教科書である。まず、近・現代史が中心となっている「日本史Ａ」の教科書を見たい。一番目の前掲実教出版『高校日本史Ａ』に「……日本軍は……抗日根拠地への攻撃で……『三光作戦』をおこなった」[30]とある。執筆者は君島和彦で、姫田光義の前掲書でもしばしば君島和彦の論文が引用されている。二番目の前掲清水書院『新日本史Ａ』に「また、1941年からの数年間は共産党支配地区に対して、放火、殺りく、略奪の三光作戦を展開した」[31]とある。なお、この教科書の執筆者は特定できない。三番目の前掲東京書籍『日本史Ａ』に本章の初めに書いたように「うばいつくし、殺しつくし、焼きつくす三光作戦をくりひろげ」[32]たとある。執筆者は三宅明正である。これ以外の他出版社の「日本史Ａ」の教科書には、管見の限り「三光作戦」の記載がない。

---

[30] 前掲実教出版『高校日本史Ａ』129頁
[31] 前掲清水書院『新日本史Ａ』142頁
[32] 前掲東京書籍『日本史Ａ』107頁

「日本史Ａ」の教科書の記載内容を比較すると、実教出版の教科書が一番詳しい。日本軍の旧悪を徹底的に暴くという底意がまる見えであり、祖先をあしざまに言う典型の文章となっている。「実教」出版ではなく、「日共」出版の誤りではないか、と思いたいくらい、左翼思想に極端に偏向した内容となっている。私には、よくこれで文科省の検定が通ったものだと不思議に思えるほどである。

　例えば、他出版社の教科書はアメリカ提督ペリーが1853年６月に浦賀に来航して日本が開国させられ、やがて明治国家が成立して日本が近代化していく、という流れで書かれていて、史実通りで至極当然であるが、実教出版のみ、明治国家の成立が「大日本帝国の成立」と同義に書かれている。まるで明治国家が最初から周辺諸国を侵略する帝国主義国家だったかのような書き方である。日本に、侵略する帝国主義国家であるというマイナスイメージが定着するのは20世紀初頭の日露戦争以後であり、明治国家が成立した最初から侵略国家だったわけではない。結果論のみを強調する書き方であり、左翼偏向以外の何ものでもないのである。

　次に、古代から現代史までが対等に書かれている「日本史Ｂ」の教科書である。一番目の前掲第一学習社『日本史Ｂ』に「……日本軍は、……『燼滅作戦』を展開した。これは中

第2章　もう一つの日中戦争（II）―「三光作戦」―

国側に大きな被害をもたらし、『三光』（……）として非難を浴びた」[33]とある。この教科書の執筆者は特定できない。二番目の実教出版『日本史B』に「……中国共産党の指導するゲリラ戦に悩まされ、日本軍は1940年9〜11月に山西省中部の抗日根拠地に対する攻撃をはじめとして、しばしば『燼滅作戦』をおこなったが、これは『三光作戦』（……）として非難された」[34]とあり、執筆者は江口圭一である。三番目の実教出版『高校日本史B』に「中国軍民の抵抗に直面した日本軍は、1940〜43年にかけて、華北の抗日根拠地への攻撃で……『三光作戦』をおこなった」[35]とある。執筆者は君島和彦である。四番目の東京書籍『日本史B』に「中国共産党の八路軍などに苦戦を強いられた日本軍は、1940年（昭和15年）ごろから徹底した掃討戦を展開した」[36]とある。この教科書の執筆者は特定できない。これ以外の他出版社の「日本史B」の教科書には、「三光作戦」の記載がない。

　以上のことをまとめれば、姫田光義が前掲書で書いている

---

[33] 前掲第一学習社『日本史B』321頁
[34] 実教出版『日本史B』324頁
[35] 実教出版『高校日本史B』191頁
[36] 東京書籍『日本史B』299頁

通りである。「『三光』とか『三光作戦』は一部の日本史教科書のみで世界史ではどの教科書にも記載されていない」[37]し、「『三光・三光作戦』が一部の日本人を除いてそれほど深刻な話題にならず、これに対する戦争責任感が希薄」[38]であると。ということは逆に言えば「三光作戦」なるものは中国共産党側が勝手に言っているだけであり、そのような日本軍の作戦はなかったということを裏付けているのである。田中正明前掲書『國、亡ぼす勿れ』にもある。「これ（三光作戦のこと —— 引用者注）は全くの作り話で、事実無根、日本軍に対する不名誉極まるデマゴーグである」[39]と。「三光作戦」はなかった、と断言したい。

3 毒ガスについて

　次に、前掲書『完全版　三光』に書かれている、日中戦争中に日本軍が使用したといわれる毒ガスについて、考察したい。私が日中戦争中の毒ガスについて初めて知ったのは1974年頃学会の歴史学研究会の大会で、常石敬一の講演を

---

[37] 姫田光義前掲書28頁
[38] 同上60頁
[39] 田中正明前掲書220頁

第2章　もう一つの日中戦争(II)　―「三光作戦」―

聞いた時であり、日本軍というのは何と残酷なことをしたのか、と怒りが込み上げてきた記憶がある。この毒ガスについて、概説書、専門書、中国側資料、日本側資料、教科書の順に検証したい。

まず、概説書である。歴史学研究会編『太平洋戦争史5　太平洋戦争II』に三光政策中「……毒ガス使用をはじめ各種の残酷な方法で『奪い尽くし、殺し尽くし、焼き尽くし』たのである」[40]とある。今井駿筆である。『朝日百科日本の歴史11　近代II』に「日本軍は、毒ガス戦……など国際法の禁ずる戦術を多用した。日本の陸軍文書は、昭和13年（1938）春以来、中国で本格的ガス攻撃を行ったことを物語っている。『苦悶しある敵約200を刺殺せり』といった記述もあり、ガスで戦闘不能になった兵員を証拠隠滅もかねて殺害したことがうかがえる」[41]とある。岡部牧夫筆である。江口圭一前掲書『大系日本の歴史14　二つの大戦』に「日本軍は中国戦線で、『あか』（ジフェニールシアンアルシン）、『きい』（イ

---

[40] 歴史学研究会編『太平洋戦争史5　太平洋戦争II』（1973年　青木書店）145頁
[41] 『朝日百科日本の歴史11　近代II』（1989年　朝日新聞社）287頁

ペリット）などの毒ガスを頻繁に使用した」⁽⁴²⁾とあり、秦郁彦『昭和史の謎を追う（上）』に「催涙ガス、ルイサイト、イペリットなどの毒ガスは、1938年から使用され、数十回（中国は876回と主張）に及ぶ戦例報告が残っている」⁽⁴³⁾とあり、狭間直樹前掲書『世界の歴史27　自立へ向かうアジア』に「日本は中国戦線で毒ガスを使用した」⁽⁴⁴⁾とある。また臼井勝美『新版　日中戦争』にも1940年「6月30日五桂嶺戦線で日本軍は毒ガスを使用したと中国側は非難した」⁽⁴⁵⁾とある。

　次に、専門書である。まず、前掲書『完全版　三光』に「毒ガス実験 ― 八名の農民を生体実験に ―」という手記がある。その中で、農民を殺した後、初年兵ガス教育隊の富山教官が言っている。「注目。九三式赤筒、燃焼時間五分間だ。これが世界に誇る日本軍のガスの威力だ。いくら八路軍がゲリラ戦術を使おうが、最後にはこのガスがあるんだ。皆殺し

---

(42) 江口圭一前掲書413頁
(43) 秦郁彦『昭和史の謎を追う（上）』（1993年　文藝春秋）379頁
(44) 狭間直樹前掲書185頁
(45) 臼井勝美『新版　日中戦争』（2000年　中央公論新社）181頁

第2章　もう一つの日中戦争 (II) ―「三光作戦」―

にしてやるんだ」[46]と。これが事実ならば酷い話である。私は前項の「三光作戦」と、この毒ガスとは全く別物だと思っている。「三光作戦」はなかったと思うが、毒ガス使用はあったのであり、絶対に許せない。明らかに国際法違反である。ドイツ帝国が第一次世界大戦で不当にも最初に毒ガスを使用したことは有名な話であるが、日本軍も日中戦争中に使用したようである。

次に、紀学仁編（村田忠禧訳）『日本軍の化学戦 ― 中国戦場における毒ガス作戦 ―』があり、本書を詳しく見たい。

日本は「国際戦争法規を度外視し、第一次世界大戦の末期から、欧州戦線の経験をくみとり、化学兵器の開発と製造を加速させていった。1928年には毒ガス工場を建設させ、30年代初頭にはすでに化学兵器を部隊に装備させていた。……八年間におよぶ全面的な中国侵略戦争の期間、日本軍の化学戦は戦争の全過程を通して行なわれ、使用した地点は中国の十九の省区におよんだ。……日本軍が中国で化学兵器を使用した回数は二千回以上におよび、中国の軍民九万人以上が毒にあたって死傷するという事態をつくりだした」[47]という。

---

[46] 前掲書『完全版　三光』98頁
[47] 紀学仁編（村田忠禧訳）『日本軍の化学戦 ― 中国戦場における毒ガス作戦 ―』（1996年　大月書店）「まえがきvi〜vii」

日本軍は秘密保持の立場から毒ガスに、「あか」「きい」などの色の呼称を用いた。「あか」はジフェニールシアンアルシンというくしゃみ性の毒剤の陸軍呼称で、人間の「粘膜を刺激し、とまることのないくしゃみ、涙、吐き気をもよおす」[48]という。前掲書『完全版　三光』の前出の手記に、毒ガスを吸わされ「顔を真っ赤にした老百姓が、『ハクション』と言うたびに、涙と洟が一緒になって流れ落ちる。もう息をすることもできない。ただ体をくねらせもだえ苦しむ」[49]とある。やがて、百姓は死亡した。酷い仕打ちである。

　一方、「きい」は1・2号があり、1号はイペリットというびらん性の毒ガスで、「毒ガスの王」と呼ばれ、「……症状は眼から涙が流れ、光をこわがり、痛みを感じ、角膜が混濁し、呼吸器障害を起こして呼吸困難におちいり、ひどい場合には窒息する。……重症の場合には全身の中毒から死亡することになる」[50]という。びらんというのは、皮膚に水疱を発生させ、これをただれさせることを指す。2号はルイサイトという、同じくびらん性の毒剤の一種である[51]。他にクロー

---

[48]　紀学仁前掲邦訳24頁

[49]　前掲書『完全版　三光』97頁

[50]　紀学仁前掲邦訳23頁

[51]　同上24頁

第2章　もう一つの日中戦争 (II) ―「三光作戦」―

ルアセトフェノンという催涙性毒剤のみどり2号、ホスゲンという窒息性の毒剤のあお1号、青酸を主成分とする全身中毒性毒剤のちゃ1号などがあった[52]。

陸軍は広島県の瀬戸内海に浮かぶ無人島の大久野島に毒剤工場を作って1929年から毒ガスの生産に入り、1945年までに各種毒剤を6615トン生産したという[53]。さらに「全面的中国侵略戦争が開始されてから（1937年7月の日中戦争勃発以降のこと ―― 引用者注）は、日本軍は中国の民衆と戦争捕虜を『生の標的（マルタ）』として利用し、訓練や演習において化学兵器の効能試験を行なうという野蛮なふるまいが相次ぎ、日常茶飯事と化した」[54]という。前記の『完全版三光』の告白が正にこれそのものである。とても正常な人間の行えることではない。告白者の三上忠夫が「私たちの体験を通じ、戦争の実体を正しく、ありのままに認識していただきたい」[55]と懺悔しても、行った犯罪は消せるものではないのである。

「日本軍は長びき前途のおぼつかない戦争にあって、いっ

---

[52] 紀学仁前掲邦訳24～25頁
[53] 同上33頁
[54] 同上46頁
[55] 前掲書『完全版　三光』99頁

そう化学兵器の助けをかりるようになり、化学戦は全面的、日常的に使用する段階に入った」[56]という。特に1940年の「百団大戦のなかで、八路軍は日本軍の毒剤砲弾57発、毒剤筒2059個、防毒面具1051個を鹵獲した。日本軍は戦役のなかで、主として刺激剤を装備した『あか筒』『あか弾』と『みどり筒』を使用した。戦役の第三段階では、日本軍は反撃と『清剿』を行ない、『三光』政策を実施するために残虐にもびらん性毒剤である『きい剤』、すなわちイペリットとルイサイトを使用した」[57]という。

百団大戦以後、日本軍は抗日根拠地に対する掃討戦を行い、「日本軍はこれらの『清剿』、『蚕食』作戦においてたえず化学兵器を用いた」[58]という。

本書の結論として、「日本軍が中国侵略戦争期間中に化学兵器を使用したことで中国の軍民を中毒させたのは9万4千人以上で、そのうち中毒で死亡した数は1万人をこすことになる」[59]と書かれている。この数字は元の統計がしっかりしているので、いわゆる中国流の「白髪三千丈」式の大げさな

---

[56] 紀学仁前掲邦訳146頁
[57] 同上228頁
[58] 同上247頁
[59] 同上331頁

ものではないようである。日中戦争中、日本軍は中国人民に多大の被害を与えたが、さらに敗戦時に日本軍が化学兵器を中国各地に遺棄したために「中国人民の生命の安全、生態環境、労働秩序に深刻な危害をもたらしている。不完全な統計によってもこれまで直接被害を受けた人は２千人以上に達している」[60]という。2000年９月13日になってやっと日本政府は化学兵器の処理を始めた[61]。

日本の毒ガス生産工場の大久野島でも、「働いたことのある人（従業員、徴用従業員、養成工）のうち毒ガスの後遺症によって死亡した人はこれまでわかっているだけで千六百人以上となっている。死亡原因は呼吸器官、消化器官の疾病患者がもっとも多く、そのうち30％は癌である」[62]という。日本国内の問題でもあるのであり、正しく粟屋憲太郎が「国内では、毒ガスを生産したことで、従業員もその害を深く受けている。他国の民族に被害を加えたと同時に、自国人民をも被害者にしてしまったのである」[63]と述べている通りである。今日まで問題が続いているわけである。

---

[60] 紀学仁前掲邦訳342頁
[61] 『朝日新聞』2000年９月14日号「旧日本軍の遺棄化学兵器　処理始まる」
[62] 紀学仁前掲邦訳337頁
[63] 同上337頁

専門書の三番目に、歩平（山辺悠喜子・宮崎教四郎監訳）『日本の中国侵略と毒ガス兵器』がある。「日本軍の中国大陸における毒ガス使用は動かしがたい事実であり、まったく隠しおおせるものではない」[64]し、「……日本侵略軍は、……『三光政策』を実行、この政策を推進するにあたって、頻繁に化学兵器を使用し、無辜の一般市民を大量に虐殺、迫害した」[65]とある。その例として、1942年5月の河北省定県瞳村事件で「大量の『あか筒』と『みどり筒』に点火後、地下道内にほうり込み、同時に柴草に火をつけて入り口に投げ入れ、すぐにふとんで入り口をふさいだ」ため「無辜の人民800余名……全員が窒息死」[66]し、1942年5月の河北省叩崗村事件で「……薄黄色の筒を持った2人の日本兵がやって来て、小屋の窓からその筒を放り込」[67]んで中国人民21名を殺し、1943年9月の河北省井経県老虎洞事件で「日本兵は人びとを全員洞内に押し込め、毒ガス弾を投げ込んだ」[68]ため150余人が殺された、などがある。

---

[64] 歩平（山辺悠喜子・宮崎教四郎監訳）『日本の中国侵略と毒ガス兵器』（1995年　明石書店）189頁

[65] 同上221頁

[66] 同上222〜223頁

[67] 同上225頁

[68] 同上228頁

第2章 もう一つの日中戦争 (Ⅱ) ―「三光作戦」―

次に、中国側資料を見たい。私もその翻訳に携わった、日中戦争史研究会編・訳『日中戦争史資料 ── 八路軍・新四軍』の中に百団大戦での八路軍の戦報が400近くあるが、そこに、

> 「戦報4　……敵100余はトーチカを固守して頑強に抵抗し、毒ガスをまきちらし、わが方は、中隊長以下将兵40余人が中毒した」[69]
>
> 「戦報7　……敵が大量に毒ガスを放ったため、わが方の将兵100余が中毒し、50余が死傷した」[70]
>
> 「戦報20　……敵の守備兵100余は……毒ガスを大量に放った」[71]
>
> 「戦報24　……わが……部隊の一部は……毒ガス筒10余個……を鹵獲した」[72]
>
> 「戦報34　……敵は、毒ガスを放ち、黄昏時に、毒ガスに援護されながら東へ逃亡した」[73]

---

[69] 日中戦争史研究会編・訳『日中戦争史資料 ── 八路軍・新四軍』(1991年　龍渓書舎) 368頁
[70] 同上370頁
[71] 同上372頁
[72] 同上374頁
[73] 同上379頁

「戦報103　……敵の残兵は、……大量の毒ガスを放った。わが方、死傷する者50余人。中毒者はなはだ多し。……敵は大量に毒ガスを放ったが、わが方は、完全に戦闘から退出した。わが方、計20余人が中毒し、副中隊長以下10余人が死傷した」[74]

「戦報193　……敵の守備兵は大量に毒ガスを放ったので、わが攻撃部隊はすべて中毒した」[75]

「戦報201　……敵は……毒ガス弾70余発を撃った」[76]

など、多数の毒ガスについての事例がある。日本軍が使用したことは、間違いないのである。

　次に、日本側資料を見たい。東京都目黒区の防衛研究所図書館に、旧陸軍関係の毒ガスについての資料が豊富にあった。

　まず、『陸軍省　密大日記』(以下『日記』と略す)昭和13年第11冊に「第708号」(1938年4月10日)の、富永教育総監部庶務課長から寺倉陸軍省副官宛の「會議書類送付ノ件」

---

[74] 前掲書『日中戦争史資料――八路軍・新四軍』401〜402頁
[75] 同上429頁
[76] 同上431頁

第2章　もう一つの日中戦争 (II) —「三光作戦」—

という文書があり、その中に教育総監部本部長講演要旨として「化學戰教育ノ徹底ニ就テ」という項目があって、この資料からも化学戦が相当程度準備され、実践されたことがわかるのである。次に同『日記』昭和13年第12冊に「第560号」（1938年6月10日）の、田尻陸軍運輸部長から板垣陸軍大臣宛の「秘密書類配布方ノ件」という文書があり、その中に「野戦瓦斯中隊（乙）勤務及作業ノ参考」とある。紀学仁前掲邦訳によれば「戦時には迫撃砲大隊（中隊）と瓦斯中隊（小隊）を単位として陸軍の軍、師団およびその従属部隊に配属され」[77]、「日本軍が中国の戦場に派遣したのは多くの場合、乙種瓦斯中隊であり、大量の毒剤筒を配備して毒煙攻撃を行なうのに用いた」[78]という。日本側資料が正にこれを裏付けているのである。

　また、同『日記』昭和13年第13冊に「第967号」（1938年12月19日）の、陸軍野戦砲兵学校から陸軍省宛の「軍事秘密書類送付ノ件」という文書があり、その中の同年9月の、「富士連合研究演習記事」に演習時の毒ガスについての細かい記述がある。

---

[77] 紀学仁前掲邦訳41頁
[78] 同上42頁

あか彈ハ……突撃時機ニ使用スルモノトス……相當大ナル効果ヲ期待シ得ルモノトス……きい彈ハ主トシテ敵砲兵及據点等ニ對シ對敵撒毒ニ依リ之ニ損害ヲ與ヘ直接戰力ヲ減殺シ得ルノミナラズ其ノ効力持久シ且精神上及ス影響大ニシテ……効果大ナルモノト認ム

とあり、その後に毒ガスによる中毒者数の試算までしてあって生々しい内容となっている。

次に、『日記』昭和15年第5冊に「第889号」(1940年7月26日)の、河村第6師団長から東条陸軍大臣宛の「動員計画上ノ要員不足ノ為教育召集実施ニ関スル件」という文書があり、毒ガス戦に必要のため、「瓦斯兵」435名を召集したことが報告されている。このたぐいの記事が1940年の陸軍省の日記に多いということは、同年毒ガス戦が中国大陸で頻繁に行われたことを表しているのである。

次に、『日記』昭和17年第7号に「第13241号」(1941年12月24日)の、丸山第1339部隊長から東条陸軍大臣宛の「待命間演習用彈薬補給ノ件」という文書があり、これは演習用弾薬の補給を要請している内容となっている。その中に、

97式方形黄色薬……97式円形黄色薬……93式持久瓦斯現示剤……98式小あか剤……97式中あか剤

第2章　もう一つの日中戦争 (II) ―「三光作戦」―

とある。これらはいずれも毒ガスであり、演習に使用するということは、実際の戦闘でも使用した、ということであろう。また同『日記』昭和17年第7号に「第180号」（1941年9月2日）の、「既令達調辨兵器変更ニ關スル件」という文書があり、

　　……九四式軽迫撃砲試製一式重ちゃ彈……ヲ九四式軽迫
　　撃砲九九式重ちゃ彈……ニ変更

とある。毒ガスは砲弾に詰めることが多く、ちゃ弾は青酸を主成分としていて「速殺性の強い毒剤で、血液の酸素供給能力を破壊し、人体組織の酸素欠乏をつくりだすことができる。……濃度が高いときには、毒に当たってから一〜三分で死んでしまう」[79]という。紀学仁前掲邦訳に「日本が中国への全面的侵略戦争を発動した後、毒剤および毒剤弾薬、器材の生産は猛烈な勢いで増加し、1941年末には毒剤を4392トン生産するまでになっていた」[80]とある。防衛研究所図書館の旧陸軍資料の日時とぴったり符合するのである。これが、日本軍が毒ガスを使用した決定的証拠となろう。

---

[79] 紀学仁前掲邦訳25頁
[80] 同上35頁

紀学仁前掲邦訳の「解説」で藤原彰が、防衛研究所図書館所蔵の、旧陸軍資料の「毒ガス使用に関するものは……未公開となっている」[81]と述べているから、中国大陸での直接使用例の資料は防衛研究所図書館に実際にはかなりあると思われる。

　最後に、教科書である。まず、「日本史Ａ」の教科書を見たい。前掲東京書籍『日本史Ａ』に「……国際法に違反して毒ガスなどの生物化学兵器も使用した」[82]とある。三宅明正執筆である。前掲実教出版『高校日本史Ａ』に「ハルビンの731部隊などでは……毒ガス戦の研究をおこない、……しばしば中国各地でこれらを使った作戦を実行した」[83]とある。君島和彦執筆である。

　次に、「日本史Ｂ」の教科書である。前掲東京書籍『日本史Ｂ』に「……日本軍は毒ガスも使用した」[84]とある。この教科書の執筆者は特定できない。また前掲実教出版『日本史Ｂ』に、「日本軍は中国戦線で国際法で禁止されている毒

---

[81] 紀学仁前掲邦訳375頁
[82] 東京書籍『日本史Ａ』107頁
[83] 実教出版『高校日本史Ａ』191頁
[84] 東京書籍『日本史Ｂ』299頁

第2章　もう一つの日中戦争 (II) ―「三光作戦」―

ガス（化学兵器）をしばしば使用した」[85]とあり、同出版社『高校日本史B』に前記の同出版社の『高校日本史A』と全く同じ記述がある。実教出版『日本史B』は江口圭一執筆、同出版社『高校日本史B』は君島和彦執筆である。

　以上のことをまとめれば、歴史事典に記載がないものの、日本陸軍が日中戦争中に、国際法に違反して中国軍に対して頻繁に毒ガスを使用したことは紛れもない事実であり、その罪は深く問われなければならない。十五年戦争終了後の極東国際軍事裁判（東京裁判）で日本軍による毒ガス使用が裁かれる筈であったが、1937年12月のいわゆる「南京大虐殺」については徹底的に追及され、日本陸軍の責任者の松井石根大将がA級戦犯として絞首刑に処せられたにもかかわらず、毒ガスについては不問に付された。なぜか。歩平前掲邦訳によれば、日本の化学兵器を追及すると、アメリカの核兵器も東京裁判で取り上げることになり、アメリカには都合が悪いので日本の化学兵器を不問にした、という[86]。さらに吉見義明「戦争犯罪と免責 ― アメリカはなぜ日本の毒ガス戦追及を中止したか ―」には「日本軍の毒ガス使用問題の訴追を

---

[85] 実教出版『日本史B』319頁
[86] 歩平前掲邦訳36〜38頁

中止した理由は、将来の対ソ戦を考慮して、アメリカが優位にたっている毒ガス戦に関してアメリカの手を縛らないようにすることにあった」[87]とある。おかしなことである。アメリカ人には未だに日本への原爆投下の罪の意識は希薄である、というが、これは到底許すことができない。被害者の痛みはやはり、被害者にしかわからないのである。

ガスマスクをつけた日本陸軍野砲隊
岐阜県・日比野幸夫・提供。『丸』1967年4月号(1967年4月　潮書房〈現潮書房光人社〉)より転載

---

[87] 吉見義明「戦争犯罪と免責 ― アメリカはなぜ日本の毒ガス戦追及を中止したか ―」(『季刊　戦争責任研究』1999年冬季号　日本の戦争責任資料センター) 6頁

第2章　もう一つの日中戦争（Ⅱ）―「三光作戦」―

4　おわりに

　以上、「三光作戦」と毒ガスについて検証してきた。繰り返すが、「三光作戦」は存在自体が疑わしいが、毒ガスは間違いなく日本軍が日中戦争中に使用したと断定してよいのである。日本軍の責任は厳しく問われなければならない。

第3章

もう一つの日中戦争 (III)
― 毒ガスとアヘン ―

1　はじめに

　私は第1章で日中戦争期の日本軍による「南京事件」について、第2章で日本軍による「三光作戦」と毒ガスについて検証してきた。本章では日本軍による毒ガス戦の詳しい実態と、日本が華北の占領地域で生産したといわれるアヘンについて検証したい。

2　毒ガスについて

　まず、第2章に続いて毒ガスについて検証したい。『朝日新聞』2001年8月22日号に「旧陸軍工場から大量？投棄　毒ガス弾政府処理へ」という記事が載った。政府は、旧陸軍が福岡県苅田港に投棄した爆弾が毒ガスであるとわかったので、近く無害化処理することを決めた、という。同新聞8月24日号の記事「毒ガス弾無害化徹底を　旧日本軍、日中両国に大量遺棄」によると、旧陸軍により広島県の大久野島の

第3章　もう一つの日中戦争 (III) ―毒ガスとアヘン―

兵器製造所で生産された毒ガス剤が福岡県の曽根兵器製造所で砲弾に詰められ1945年8月の終戦時に4千発残っていて、旧陸軍が急いで苅田港に投棄したものの一部がそれである、という。

> 無害化処理には、高熱燃焼による分解法と化学反応を起こさせて無害の化学物質に変える中和法がある。いずれでも毒ガス剤に含まれるヒ素は残るし、前者は煙の処理が難しく、後者は廃棄物が多く出る

とある。毒ガス弾は日本でも今日までその悪影響が続いているわけである。

まず、七三一部隊国際シンポジウム実行委員会編『日本軍の細菌戦・毒ガス戦』を取り上げたい。

> 『曽根兵器工廠』は1933年に建てられ、大久野島で生産された毒剤を、各種の兵器の中に塡実するのが主なる任務であった。この工場は78棟の建物からなっており、砲弾と爆弾などに7種類の毒剤と燃焼剤を塡実した[1]

---

[1] 七三一部隊国際シンポジウム実行委員会編『日本軍の細菌戦・毒

とある。また、

> 1937年蘆溝橋事件が勃発してから、日本は直ちに中国に派遣した軍隊の中に、専門の化学部隊を増員したが、この化学部隊の中には、化学砲弾を発射する迫撃砲隊や撒毒車を使用する野戦ガス隊と野戦のガス工場があった[2]

とある。さらに、

> 化学戦の問題に関して重要なものは、元日本陸軍大陸指令第425号が披露されたことである。いわゆる大陸指令425号とは、戦争中日本大本営が日本侵略軍に対してびらん性毒剤（きい剤）の使用命令を発したことだ。きい剤は毒剤が極めて強い致死性の物質にぞくするが、以前既に日本軍が嘔吐性毒剤（あか剤）使用の命令を発したことは分かっていたのだが、きい弾使用の根拠は今まで披露されたことはなかった[3]

ガス戦』（1996年　明石書店）235頁
[2] 前掲書『日本軍の細菌戦・毒ガス戦』237頁
[3] 同上241～242頁

第3章　もう一つの日中戦争（III）― 毒ガスとアヘン ―

とある。

次に毒ガス弾の「きい剤」について述べてみたい。防衛研究所図書館蔵の『陸軍省　密大日記』昭和13年第13冊の「軍事秘密書類送付目録」に「……95式きい彈」（昭和13年8月26日）とあり、第13冊の「富士連合研究演習記事」に「きい彈瓦斯効力　4『ヘクタール』ノ地域ニ封スルきい彈約500發落達ノ結果ハ……瓦斯中毒度平均約330……8時間後……効力ヲ持續」（昭和13年12月19日）とあり、『日記』昭和13年第14冊の「通信器材竝化學戰資材特別支給ノ件」に「きい一号甲　25……きい二号　20」（昭和13年11月3日）とあり、また『日記』昭和17年第7冊の「待命間演習用彈薬補給ノ件」に「……97式方形黄色薬　155　97式円形黄色薬　63」（昭和16年12月24日）とある。

因に紀学仁編（村田忠禧訳）『日本軍の化学戦』によると、

一、イペリット ── びらん性毒剤として代表的なもので、日本の呼称はきい一号であった。第一次世界大戦で使用されてから「毒ガスの王」と呼ばれるにいたった。……症状は眼から涙が流れ、光をこわがり、痛みを感じ、角膜が混濁し、呼吸器障害を起こして呼吸困難におちいり、ひどい場合には窒息する。……二、ルイサイト ── これもびらん性毒剤の一種である。日本の呼称は

きい二号である。その性能はイペリットと似ているが、刺激作用が強く、害毒作用は迅速だが、安定性の面でやや劣っている[4]

とある。

また『日記』昭和15年第10冊に「糜爛性瓦斯ニテ汚毒セル皮革叉は同製品ノ消毒法」(昭和15年1月22日)とある。これが前掲書『日本軍の細菌戦・毒ガス戦』の「日本軍が恐れていたのは、戦場で中国軍が化学兵器で反撃することだったので、みな防毒マスクを携帯していた」[5]という記述とつながってくるのである。確かに日中戦争期の日本軍の写真の中には、防毒マスクを着用しているものもある[6]。小原博人他著『日本軍の毒ガス戦』によれば「太平洋戦争中、日本国内では毒ガス空襲を想定した民間防毒訓練がしばしば行われた」[7]という。だがアメリカや中国が太平洋戦争の最後まで毒ガスを使用しなかったのに対し、日本軍のみ主に中国戦線で大量に毒ガスを使用したことがはっきりしているのである。

---

[4] 紀学仁前掲邦訳23〜24頁

[5] 前掲書『日本軍の細菌戦・毒ガス戦』237頁

[6] 小原博人他著『日本軍の毒ガス戦』(1997年 日中出版)20頁、44頁

[7] 同上101頁

第3章　もう一つの日中戦争 (III) ― 毒ガスとアヘン ―

　次に、『日記』の「瓦斯兵」の記載をまとめたい。『日記』昭和13年第12冊の「秘密書類請求目録」に「昭和12年8月18日　野戦瓦斯小隊勤務及作業ノ参考」(昭和13年6月10日) とあり、『日記』昭和15年第2冊の「昭和15年度動員計画上ノ不足要員補備教育ニ關スル件」に「師団ニ於テ実施スルモノ　瓦斯　下士官　20　兵80……瓦斯要員　各兵科　兵500名」(昭和15年1月23日) とあり、第2冊の「動員計画上ノ要員不足ノ為教育召集実施ニ關スル件」に「召集予定人員表　瓦斯兵435」(昭和15年7月26日) とあり、さらに『日記』昭和15年第10冊の「各隊分業者、特業者……定員ニ関スル件」に「瓦斯兵　五ヲ七ニ改ム」(昭和15年8月7日) とある。日本陸軍の資料にこれ程頻出するのであるから、これらによっても日中戦争中、毒ガス戦が日本陸軍により公然と準備され、実行されていたことがわかるのである。

　次に、『日記』の「陸軍習志野学校」の記載をまとめたい。まず、前掲書『日本軍の細菌戦・毒ガス戦』に陸軍習志野学校は「教育総監部管轄の専門に化学戦に従事する人員を訓練養成する秘密の軍事学校であった。……戦争中に日本の各部隊で、化学戦に従事し訓練を指揮した将校『ガス係り』は大部分がこの学校で訓練を受けた」[8]とあり、紀学仁前掲邦訳

---

[8]　前掲書『日本軍の細菌戦・毒ガス戦』236〜237頁

に「同校は化学戦の将校、下士官を専門的に養成するところで、訓練期間は3〜6カ月であった」[9]とあり、前掲書『日本軍の毒ガス戦』に、

> 毒ガスの……開発に関わったのが、……陸軍習志野学校であり、……千葉県習志野市（現在）に1933年8月創設された。……捕虜の人体実験をした形跡は見えないが、入校した学生（といっても各師団から選抜された将校や下士官だった）を対象に「実地体験訓練」を行った。……敗戦時までに習志野学校に入学した学生は一万人を数えたという。校長は中将か少将。教育機関は時期によって異なるが、半年から二か月。……運用法の開発では、研究部と練習隊（後に教導隊）という両組織が協力して実習を繰り返し迫撃部隊や野戦ガス隊の効率的な戦闘法や散毒法などを編み出した[10]

とある。
また歩平前掲邦訳『日本の中国侵略と毒ガス兵器』にも、

---

[9] 紀学仁前掲邦訳45頁
[10] 前掲書『日本軍の毒ガス戦』82〜86頁

第3章　もう一つの日中戦争 (III) ―毒ガスとアヘン―

もし陸軍科学研究所と大久野島の忠海工場が、日本の遂行した化学戦に貢献したとすれば、習志野学校が日本の化学戦に与えた影響は極めて突出している。研究所では、化学兵器の実験を多少は行っていたけれど、それは毒剤を散布したり毒ガス環境のなかでの作業であり、実践に役立つ実験を行っていたのは、習志野学校である。……習志野学校設立後まもなく、ほとんど毎日一回本物の毒ガスを使って演習を行った[11]

とある。前掲『日記』昭和13年第13冊の「富士連合研究演習記事」も、まさしくこの演習の一つが記載されているのであり、『日記』に静岡県富士での演習が数十頁にわたって詳しく述べられている。

以上のことをまとめれば、日中戦争中、千葉県の習志野学校で毒ガスについて徹底した研究・実験が行われた、ということがわかるのである。

次に、日中戦争中の中国戦線での毒ガス戦の具体例の一つとして、1940年8月〜12月の百団大戦を挙げてみたい。まず、前掲書『日本軍の細菌戦・毒ガス戦』に、

---

[11] 歩平前掲邦訳131〜132頁

1940年8月12日、八路軍が「百団大戦」を行った時、日本軍は11回も毒ガス弾を使ったので、我が方は1万人の将兵が中毒にかかった[12]

とあり、紀学仁前掲邦訳に1940年、

　日本軍の華北八路軍にたいする全面的進攻を粉砕し、その「囚籠」政策に打撃を与え、華北の戦局のいっそう有利な発展をかちとり、全国の抗戦情勢に影響を与え、国民党の投降の傾向を克服するため、八路軍総部は8月20日、華北敵占領区の交通戦と拠点にたいして大規模な進攻戦役を発動した。参戦した兵力が百個以上の団［連隊］、20余万人にまで迅速に拡大したことから「百団大戦」とよばれる[13]

とある。同じく紀学仁前掲邦訳に、

　百団大戦のなかで、八路軍は日本軍の毒剤砲弾57発、毒剤筒2059個、防毒面具1051個を鹵獲した。日本軍は

───────────────
[12] 前掲書『日本軍の細菌戦・毒ガス戦』263頁
[13] 紀学仁前掲邦訳227頁

第3章 もう一つの日中戦争 (Ⅲ) ―毒ガスとアヘン―

戦役のなかで、主として刺激剤を装備した「あか筒」「あか弾」と「みどり筒」を使用した。戦役の第三段階では、日本軍は反撃と「清剿」を行ない、「三光」政策を実施するために残虐にもびらん性毒剤である「きい剤」、すなわちイペリットとルイサイトを使用した[14]

とあり、

八路軍の上述の20回の戦闘のうち、7回は大部分の人員が中毒したため撤退を余儀なくされた[15]

とある。
　前掲書『日本軍の毒ガス戦』に百団大戦で日本軍司令部は、

あか筒、あか弾はいうに及ばずきい剤、きい弾の使用に歯止めがかからなくなったことが、反撃戦に臨んだ日本軍諸部隊の記録（戦闘詳報など）からわかる。その一つ、独立混成第9旅団の永野支隊は8月末から9月半ば

---

[14] 紀学仁前掲邦訳228頁
[15] 同上246頁

にかけ、山西省東南部の楡次付近で八路軍を追撃し「あか弾62発とともに、きい弾47発を砲撃した」との戦闘詳報を残している⁽¹⁶⁾

とある。

步平前掲邦訳にも「当作戦において、日本軍は作戦が不利な状況になると毒ガスを用い、その回数は前後11回におよんだ」⁽¹⁷⁾とある。

前掲書『日中戦争史資料――八路軍・新四軍』中の中国共産党軍である八路軍の百団大戦の戦報の中に、日本軍による毒ガスについての記載が多数ある。

「戦報28……わが方……中毒する者50名……」
「戦報57……各拠点の敵は、毒ガスを準備する一方……」
「戦報105……敵は……わが方へ、ほしいままに毒ガスを放った」
「戦報112……残兵は……大いに毒ガスを放った」
「戦報139……敵は猛烈な砲火と毒ガスの援護の下、遼県へ逃亡した」

---

(16) 前掲書『日本軍の毒ガス戦』59〜61頁
(17) 步平前掲邦訳208頁

第3章　もう一つの日中戦争 (III) ― 毒ガスとアヘン ―

「戦報156……防毒マスク36個を鹵獲し」
「戦報161……毒ガス10余筒……を鹵獲し」
「戦報163……中毒者40余、わが尹先炳旅団長も、またこの戦役で中毒した」

などである。頁は略した。
『日記』の昭和15年 (1940年) 版に、「昭和15年度動員計画上ノ不足要員」を補う、という資料が頻出していることから、1940年に日本陸軍が中国戦線での、百団大戦を含む戦闘の毒ガス戦に備えてしばしば要員補充をした、ということが言えると思う。例を挙げれば『日記』昭和15年度第2冊の「昭和15年度動員計画上ノ不足要員補備教育ニ關スル件」に「費目的経費……瓦斯資料　41000円」(昭和15年1月23日)、第2冊の「昭和15年度動員計画上ノ不足要員補備教育ニ關スル件」に「瓦斯要員　各兵科　兵500名」(昭和15年1月22日)、第2冊の「昭和15年度動員計画上必要ナル要員ノ勤務演習召集ノ件」に「瓦斯要員タル各兵科将校以下……数　山砲兵　瓦斯計24」(昭和15年4月4日)、第2冊の「動員計画上ノ要員不足ノ為教育召集実施ニ關スル件」に「……召集予定人員表　瓦斯兵435」(昭和15年7月26日) などがある。

　1940年に、中国戦線で毒ガスが日本軍により大量に使用

されたことがわかるのである。前掲書『日本軍の毒ガス戦』に1940年は「対ソ戦間近」という予断が陸軍中央にあったため、中国東北部で毒ガス攻撃による国境線突破の演習が行われた、とある[18]。日本軍は対中国戦のみならず対ソ連戦でも毒ガスを使用しようとしていたのである。だが実際にはソ連が1945年8月8日に参戦して1週間後の8月15日に日本が連合国に無条件降伏したため、ソ連に対する毒ガスの使用の機会はなかったわけである。

　結局日中戦争は1945年8月15日に終結したが、毒ガス問題はそこで終わったわけではなく、日本軍が中国各地に毒ガス弾を遺棄したため、前掲書『日本軍の毒ガス戦』に「中国側の資料によれば、旧日本軍の遺棄毒ガスの被害者は2000〜3000人にのぼるという。被害者の数は決して誇張ではないと思われる」[19]とある。中国での被害は今日でもまだ続いているわけである。『朝日新聞』2000年9月14日号の「旧日本軍の遺棄化学兵器　処理始まる」という記事によれば、2000年9月13日から旧日本軍が中国東北部に遺棄した毒ガス弾の処理が本格的に日本政府により始められた、という。中国東北部だけで遺棄毒ガス弾は70万発と言われてお

---

[18] 前掲書『日本軍の毒ガス戦』100〜102頁
[19] 同上150頁

第3章　もう一つの日中戦争(Ⅲ) ―毒ガスとアヘン―

り、膨大な数字である。

　最後に毒ガス弾による戦後の中国人民の被害の例を挙げたい。中国東北部の黒龍江省で1974年、松花江下流のジャムス湾の西ドック入口で毒ガス弾からガスが流出し、35人が中毒となった事件が、最も典型的な例である、という[20]。詳しく述べると、1974年10月港湾ドック入口のたまった泥砂を中国人作業員がポンプで吸い上げていたところ、日本軍の遺棄毒ガス砲弾を吸い上げたため毒ガスがもれて、作業員4人が重度の皮膚組織の潰瘍をおこしてしまい、結局ガンで死亡し、30人以上が今も中毒症状で苦しんでいるという。調査の結果毒ガス弾はルイサイトガスとイペリットガスの混合物を含んだ直径105ミリのきい弾であることがわかったという[21]。

　前掲書『日本軍の細菌戦・毒ガス戦』に「日本軍は敗戦の時、慌てて撤退し、使い残した化学兵器（約180万発）を中国に遺棄して行ったが、このことが後に中国人民に大きな災いをもたらした。不完全な統計によれば、戦後既に2000

---

[20] 歩平前掲邦訳271頁
[21] 同上271〜299頁

余人がこの毒ガスのために被害を受けたといわれる」[22]とある。紀学仁前掲邦訳にも「中国人民は……いずれも事情を知らない状況下でたまたま日本の遺棄毒剤あるいは毒剤弾を発見したのであり、すでに２千人以上が中毒し、しかもいくつかの都市の建設工事に影響を与え、正常な作業が行なえず、学校の授業にも影響が出ている」[23]とある。

　前掲『朝日新聞』2000年９月14日号の記事によれば、日本政府は2007年までに毒ガス弾を処理することが化学兵器禁止条約により義務づけられたという。私の原稿執筆の時点であと６年しかない。しかも2000年９月の２週間の事業費だけで約10億円に上ったとある。難題であると言えるのである。

3　アヘンについて

　次に、日本による内モンゴルのアヘン生産について検証したい。私が日中戦争期の日本による中国でのアヘン生産について初めて知ったのは、江口圭一前掲書『大系日本の歴史14　二つの大戦』を読んだ時であり、その中に、

---

[22]　前掲書『日本軍の細菌戦・毒ガス戦』246頁
[23]　紀学仁前掲邦訳345頁

第3章　もう一つの日中戦争 (III) ― 毒ガスとアヘン ―

> 日本は、内モンゴルに樹立した蒙疆政権（……）の地域で、興亜院（……）の計画のもとに、アヘンを大量に生産して中国各地に「配給」し、巨額のブラック＝マネーを獲得するとともに、中国を「毒化」して抗戦力を麻痺させようとした[24]

とあった。

アヘンについては、イギリスが18世紀末に中国の清に持ち込み、インドとの三角貿易で大もうけをした結果に怒った漢族官僚林則徐が1839年アヘンを処分したことからアヘン戦争が1840年イギリスによっておこされ、イギリスが大勝し、次のアロー戦争でも勝利したイギリスがアヘン貿易を公認させた結果、アヘンが中国で生産されるようになり、中国西北部の甘粛省、寧夏省、陝西省、山西省などで1930年代には盛んにアヘンが生産されていたことは知っていた。だが日本政府が内モンゴル地域でもアヘンを生産していたことについての知識は皆無だったので、早速調べてみることにした。

最初に「蒙疆政権」について、一言説明したい。江口圭

---

[24] 江口圭一前掲書『大系日本の歴史14　二つの大戦』342頁

一前掲書『大系日本の歴史14　二つの大戦』に「関東軍は、チャハル省から山西省さらに綏遠省へ侵攻し、1937年11月22日、チャハル省、綏遠省、山西省北半を領域とする蒙疆連合委員会（蒙疆政権）を張家口に樹立した。蒙疆政権はいわば『第二満州国』であって、その実権は関東軍が握った」[25]とある。蒙疆政権とは日本軍が中国華北に樹立した中身のない傀儡政権であったのである。今井武夫前掲書『近代の戦争5　中国との戦い』にも「蒙疆地区の全人口5,205万人のうち、95％までは漢人が占め、蒙古人はわずか3％にすぎず、しかもその大部分は蒙古連盟自治政府の範囲に属し、察南にいる者はわずかに300人、晋北にいたってはじつに20数人にすぎなかった」[26]とある。

1939年9月、内モンゴルの独立運動を行ってきた徳王を主席とする蒙古連合自治政府が成立した。防衛研究所図書館蔵の、『蒙疆の政情　其一』に「蒙古聯合自治國ハ民本政體トス……蒙古聯合自治國人民ハ其ノ種族宗教ノ如何ヲ問ハズ國家ノ平等ナル保護ヲ享ク」（昭和14年9月）とある。だが江口圭一『資料　日中戦争期阿片政策』によれば「徳王ら蒙古人側は蒙古の独立を強く要望し"蒙古國"の樹立を唱えて

---

[25] 江口圭一前掲書『大系日本の歴史14　二つの大戦』247～248頁
[26] 今井武夫前掲書122頁

第3章　もう一つの日中戦争（Ⅲ）　―毒ガスとアヘン―

やまず、"蒙古自治邦"という妥協案が作られたが、駐蒙軍および軍中央の意向により"蒙古連合自治政府"に落着し、蒙古人の要求をみたすものとはならなかった」[27]し、「この場合の『自治』とは、もちろん、蒙疆地域における蒙古人あるいは中国人の自治を意味するものではまったくなかった。それは、『自治』の名のもとに、汪政権の関与すら排除して、蒙疆を完全に日本の支配下におくことにほかならなかった」[28]とある。

防衛研究所図書館蔵の、『蒙古の政情　其二』に「蒙古國創建趣意書……大東亜建設上日本ニ於テ内蒙古ヲ確保スルコトノ緊切肝要ナル……蒙古民族ハ其ノ血ト精神トヲ大和民族ニ類同スル」（昭和14年）とあって、対ソ戦防備を固めるため傀儡蒙古政権を作る必要性があることが蒙古連合自治政府の日本人顧問により力説されている。祁建民「近代内モンゴル自治運動と蒙疆政権の性質について」にも「蒙疆政権は徳王らが理想とする『モンゴル国』では決してなかった。この政権の本質は、モンゴル族が優位を占めていたとは言え、モンゴル族・漢族・回族を包括する傀儡政権であった」[29]とある。

---

[27] 江口圭一『資料　日中戦争期阿片政策』（1985年　岩波書店）71頁
[28] 同上72頁
[29] 祁建民「近代内モンゴル自治運動と蒙疆政権の性質について」（『現

私がかつて外務省外交史料館や防衛研究所図書館で1930年代の「内蒙古」関係の日本側の資料を調べていた時は「アヘン」という言葉は一言も資料に出てこなかったが、江口圭一前掲書『資料　日中戦争期阿片政策』にはアヘン関係の資料が豊富に載っている。蒙古連合自治政府の経済部次長であった沼野英不二が所持していたアヘン関係の文書を、江口圭一が偶然見つけてそれを本にしたのが『資料　日中戦争期阿片政策』である。

　本書によれば、

> 日中戦争下に日本の傀儡政権として樹立された蒙疆政権は、1939年以降、興亜院の「支那阿片需給計画」をになう最も重要な一環となり、中国全占領地さらには太平洋戦争下の南方占領地をも対象とする「阿片供給源泉地」として阿片の生産と販売を推進してきた。……蒙疆政権は、1939年〜41年にかけて阿片収納を大幅に増加させ、40・41両年度には当初の収納予想量を上廻る収納に成功した。しかし42年には前年のわずか35％、予想量の36％という不成績におわった。阿片の生産はい

第3章 もう一つの日中戦争(Ⅲ) ―毒ガスとアヘン―

ちじるしく不安定であった[30]

という。

　以下、最初に江口圭一前掲書『資料　日中戦争期阿片政策』に沿って、論を進めたい。日本が1931年9月、満州事変をおこし、1932年3月、傀儡国家の満州国を樹立すると、中国東北部で広範にアヘンを販売するようになったが、まだ地域は中国東北部に限定されていた。だが日本による華北分離工作が進むと、アヘンの密輸・密売も拡がり、1937年7月盧溝橋事件がおこると、中国全域に拡大していくのである。その中心となったのが内蒙工作で「日本の内蒙工作は阿片と深く結びついて推進され、罌粟栽培および阿片・麻薬の奨励を伴うものであった。日本の勢力範囲の拡張は、同時に、阿片・麻薬による汚染範囲の拡張であった」[31]とある。「結局、樹立直後の蒙疆各政権の阿片政策は、察南・蒙古連合両政府では旧制を踏襲し、晋北自治政府では専売制度を廃して前二政府にならう阿片税制を採用したのであって、金融工作・通貨政策のようなドラスチックな転換をともなうもの

---

[30] 江口圭一前掲書『資料　日中戦争期阿片政策』168頁
[31] 同上52頁

ではなかった」[32]という。

「1940年までは、華中で消費された阿片のうち蒙疆産の占める比重はまだ小さく、もっぱら熱河産あるいはペルシャ（イラン）産阿片でまかなわれていた」[33]が、「1940年に蒙疆政権が阿片の収納と配給を一応軌道にのせたことが、中国全占領地への阿片供給源としての蒙疆の地位をますます動かしがたいものとしたことは疑いない」[34]とあるように、1940年前後から蒙疆でのケシ栽培が本格的に始まったようである。だが結局1942年のケシの凶作や中国人民の反アヘンデモなどによりその政策は破綻してしまい、1943年以降は生産・取引が激減したという[35]。だがもっとも江口圭一前掲書『資料　日中戦争期阿片政策』に、「その破綻にもかかわらず、蒙疆政権はその末期の際にいたるまで阿片の獲得に執着しつづけたようである」[36]ともある。

　次に、朴橿（許東粲訳）『日本の中国侵略とアヘン』に

---

[32] 江口圭一前掲書『資料　日中戦争期阿片政策』86頁
[33] 同上109頁
[34] 同上133頁
[35] 同上168〜170頁
[36] 同上166頁

第 3 章　もう一つの日中戦争 (Ⅲ) ― 毒ガスとアヘン ―

沿って、論を進めたい。

> 日本は、中日戦争の勃発直後、内蒙古地域で樹立した蒙疆政権管轄内でアヘンの増産を目標にしたアヘン政策を実施して、中日戦争以前に植民地で必要であった専売アヘンの不足分と、中日戦争勃発以後、占領地中国の華北・華中・華南地域で不足したアヘンまで供給した。これらを通じて日本は莫大なアヘン収入を獲得したのである。このように、日本の対外侵略とアヘンは密接な関係があった[37]

とある。『日本の中国侵略とアヘン』は、江口圭一前掲書『資料　日中戦争期阿片政策』のいわゆる「沼野資料」について、「興亜院関係文書とともに蒙疆地域のアヘン生産・配給と関連して作成された方針、意見、報告、記録、契約書、統計などが含まれており、非常に注目されるのである」[38]と高く評価している。

日中戦争勃発直後、朝鮮などの地域の生産量だけでは、

---

[37] 朴橿（許東粲訳）『日本の中国侵略とアヘン』（1994年　第一書房）6頁
[38] 同上16頁

「占領地全体の巨大なアヘン消費規模を充足させるのは役不足であった。そこで、……日本の勢力圏内に編入された蒙疆地域が、アヘンのあたらしい生産供給地域として注目されるようになった」[39]という。その理由として同書は「アヘンが大量生産された社会経済的要因としては、軍閥によるアヘン栽培奨励と商品、貨幣経済の浸透、そして土地集中による農家経済の窮乏化の結果、収益性の高い作物としてアヘン栽培が好まれたことをあげることができる」[40]と書いている。さらに「日本は中日戦争が勃発してから日本勢力圏内の不足アヘンを供給販売するために、1939年以降、蒙疆地域で全面的にアヘン専売制度を実施した」[41]とある。

1939年9月1日第二次世界大戦が勃発すると、

> 華中の主要輸入アヘンであるイラン産は輸入が困難になったが、……蒙疆地域で可能な最大限のアヘンを生産し、華中地域の場合は全需要量を蒙疆から供給することを原則にした。そして華北地域に対しては、蒙疆産アヘンとともに満州地域と地域内で生産されるアヘンで需要

---

[39] 朴橿前掲邦訳68頁
[40] 同上74〜75頁
[41] 同上194頁

第3章 もう一つの日中戦争（Ⅲ）— 毒ガスとアヘン —

を満たそうとした。……要するに、日本は1940年に土業組合を設立し、これらの組合にアヘン納付実績による地域外販売権を許可して、アヘン業務にたずさわるようにすることで、その勢力圏内で供給アヘンを成功裏に確保した。1940年には政府予想収納量を達成し、その翌年の1941年度には予想より高い収納実績を収めたようである[42]

とあり、1940〜1941年頃がケシ栽培とアヘン販売の頂点だったようである。

アヘン中毒者たちは、このように密栽培と密売業者が横行すると、値段の高い専売アヘンよりも安い密売アヘンの方を選ぶようになった。そこへもってきて、華北で生産されたアヘンが密売されて華中地域にまで流出するようになると、この地域のアヘン流通機構である宏済善堂は、蒙疆産アヘンを計画通りに販売することができなくなった。その結果、蒙疆産アヘンの輸入を減少させざるを得ない状況にまで立ち至ったのである[43]

---

[42] 朴橿前掲邦訳151〜152頁
[43] 同上198頁

とあり、蒙疆産アヘンが様々な理由で不振になっていくのである。だが1942年度でもまだ「総輸出額に占めるアヘン輸出額の比率は最低44.5パーセントで、前年に比べて高かった」[44]というから、相変わらず蒙疆政権はアヘンに頼っていたわけである。

結論として、

> 蒙疆地域は、特に地政学的重要性からそれを維持する必要性がなによりも強調されたために、アヘンの貢献度も非常に高かった。蒙疆地域は資源だけでなく「防共特殊地域」として重要な地政学的位置にあった。そのために、日本にとってこの地域の確保は非常に重要で、日本はこの地域にカイライ政権である蒙疆政権を樹立させ、アヘン専売制度を施行して、蒙疆政権を維持する財源の相当な部分をそれに充てた[45]

ということが言えるのである。

最後に、参考までに現高校日本史教科書の中で、日中戦争

---

[44] 朴橿前掲邦訳235頁
[45] 同上242頁

期のアヘンについて触れているのを挙げると、実教出版社の『高校日本史Ｂ』のみであり執筆者は君島和彦、江口圭一である。一つの出版社しか記載がないということは、日本の中国でのアヘン政策が学界で定説になっていないことを指すのである。

4 おわりに

　日中戦争期の日本によるアヘン政策については一次資料が不足していたので、今回はあまり深い検証はできなかった。次回はもう少し、資料を豊富にして、日中戦争期のアヘンについてのみのものを書きたいと思っている。それを含めて、今後も日本の戦争責任を追及していきたい。

第4章

もう一つの日中戦争（Ⅳ）　—アヘン—

1　はじめに

前章に引き続き、アヘンについて中国共産党との関連も含めて検証したいと思う。

2　中国共産党とアヘン

中国共産党について、内田知行『抗日戦争と民衆運動』の中の「抗日根拠地のアヘン管理政策とアヘン吸飲者救済活動」に沿って論を進めたい。『抗日戦争と民衆運動』に「抵抗の過程で中共はアヘン生産の容認や管理販売を余儀なくされた」[1]とある。アヘンという有害な物質と、人民解放を唱える中国共産党とはあまり結びつかないような感じがするが、実は、「中共にとってアヘンは軍需品や生活必需品の輸入には不可欠な貨幣代替物となった」[2]という。以下、詳し

---

[1]　内田知行『抗日戦争と民衆運動』（2002年　創土社）15頁
[2]　同上115頁

第4章　もう一つの日中戦争 (Ⅳ) ― アヘン ―

く見ていきたい。

　日中戦争期の中国共産党の資料を見ると、ケシ栽培禁止令が出されており、これにより広範にケシ栽培が行われていたことが逆にわかるのである。〝アヘンは有害〟と先程書いたが、「根拠地農民にとっては割りのよい換金作物であった。……純度の低いアヘンは時には薬として用いられた。たとえば、腹痛止めに吸飲された」[3]という。必ずしも人体に悪影響のみを与える有害な物質というわけではないのであり、一概にアヘン生産を批判するのは良くない。

　民間における私的なアヘンの生産・販売は厳禁したが、「『薬品』としての合法的生産の道が残されていた」[4]と言うから、薬としても結構流通したようである[5]。

　中国共産党はアヘン禁絶政策を採る一方で、アヘン専売店や吸飲者から高額の税金を徴収したので、抗日根拠地政府の

---

[3]　内田知行前掲書121頁

[4]　同上123頁

[5]　江口圭一前掲書『資料　日中戦争期阿片政策』13頁に「阿片の麻薬作用は、生阿片に5～15％（多い場合には20％）含まれているモルヒネによってもっぱらもたらされる。生阿片から精製されたモルヒネ（略称モヒ）は、鎮痛・鎮咳・鎮静・催眠のための薬剤として用いられるが、連用すると中毒となる」とある。また、朴橿前掲邦訳256頁に「アヘンは……モルヒネなどの作用によって鎮痛・鎮咳・麻痺・麻酔などの作用を起こす」とある。

財政に一定の利益となったし、「アヘンの販売者や吸飲者を掌握できたことで、彼らを利用して日本軍占領区にアヘンを売却し、武器・弾薬・医薬品などを調達することができた」[6]というから、辺区政府にすればアヘン生産を奨励はしないものの、黙認したのではないだろうか。内田知行によれば、中国共産党の正規軍である八路軍もアヘン密輸を行っていたという[7]。「中共軍にとっては、アヘンの密輸・販売は特権的に承認された正当な事業であった」[8]と言えるのである。中国共産党支配地域の晋綏辺区（山西省から綏遠省にまたがる抗日根拠地）は「アヘンの大生産地であり、アヘンはもっぱら日本軍占領地区に向けたきわめて重要な輸出品であった」[9]とあり、中国共産党にとってはアヘンは〝必要悪〟の商品であった、と言える。

結論として、

　　たいした輸出商品のなかった抗日根拠地にとっては、域内で統制されさらには禁止されたアヘンは貴重な輸出商

---

[6] 内田知行前掲書126頁
[7] 同上140頁
[8] 同上140頁
[9] 同上143頁

品となった。アヘンのおかげで根拠地は軍需品や必需品を日本軍占領地区から入手できた。しかし、この成功には後ろめたさが伴ったのではないか、と思う。……アヘンをめぐるこうした対応は、言わば抗日という民族的抵抗のなかの影の部分であろう[10]

とあり、中国共産党も所詮〝生身の人間の集合体〟であったのであり、革命という高尚な〝理論〟だけでは生活できなかったのである。

3　冀東防共自治政府とアヘン

傀儡政権とアヘンについて、検証したい。まず冀東防共自治政府である。三野正洋『わかりやすい日中戦争』に、

> 昭和10年に出来た『冀東防共自治政府』……は……種々の理由で悪名を轟かせる。……ひとつは資本を早急に集める目的でアヘンを主とする麻薬の売買に手を染めたことである。……麻薬の取引にも冀東政権と関東軍の一部将校は深く関与したとのことである。……麻薬入り

---
[10] 内田知行前掲書150頁

のタバコ、キャンディーまで売られていたという(11)

とある。「冀東防共自治政府」は河北省で力を持ち、昭和13年まで存続し、北京の中華民国臨時政府に合流解消した(12)。

　この政府は、経済面では今井武夫前掲書『近代の戦争5　中国との戦い』に「冀東特殊貿易（華北で行なわれていた密貿易に低率の税金をかけ、冀東政府の財源にした。これには関東軍の特務機関が協力していた）」(13)とあり、内藤戊申『東洋の歴史12　人民共和国の成立へ』にも「冀東政権……は日本の強制によって日本商品の大規模な密輸を公認したため、北中国の経済を混乱に陥れた」(14)とあるように、アヘン

---

(11) 三野正洋『わかりやすい日中戦争』（1998年　光人社）257頁

(12) 黄文雄『日中戦争知られざる真実』（2002年　光文社）には「この政府は……国民党の一党独裁に反対して共和制を敷いた。……苛斂誅求を排し、中国ではまれに見る安定社会が実現したため、"東洋のデンマーク"とも呼ばれた」（189〜190頁）とあるが、前掲書『アジア歴史事典』の「冀東防共自治政府」の項目に「1935年夏以来日本はこの方面にアヘンと廉価な商品を密輸入させ」た、とあるし、前掲書『日本歴史大辞典』の「冀東防共自治政府」の項目にも「冀東地区は、華北にたいする日本軍の軍事的・政治的拠点となり、また阿片その他の密輸の大規模な基地となった」とある。

(13) 今井武夫前掲書54頁

(14) 内藤戊申『東洋の歴史12　人民共和国の成立へ』（1967年　人物往

第4章　もう一つの日中戦争（Ⅳ）　―アヘン―

などの密輸入をしていたようである。

　アヘンの密輸入については歴史学研究会編『太平洋戦争史2　日中戦争Ⅰ』に「冀東貿易……の主要なものは……雑貨やモルヒネ・ヘロイン等もふくまれていた。このような密輸入品の氾濫は中国各地の……業界に痛撃をあたえ……冀東政権の財政収入は激増し、関東軍参謀田中隆吉中佐などは、毎月多額の資金を冀東政権から引きだして内蒙工作などに流用していたという」[15]とあり、今井清一『体系日本現代史2　15年戦争と東アジア』に「冀東政府は……密輸入の公認にふみきった。……冀東では阿片やモルヒネの密売も盛んにおこなわれた」[16]とあり、江口圭一前掲書『資料　日中戦争期阿片政策』に「この冀東地区こそ、満州、関東州などから送り込まれるヘロインなどの密輸基地の観を呈し始めたのである。首都は通州に所在したが、この首都郊外ですら、日本軍特務機関の暗黙の了解のもとに、麻薬製造が公然と行なわれたのである」[17]とあり、さらに岡田芳政他『続・現代

　　来社）152頁
[15]　歴史学研究会編『太平洋戦争史2　日中戦争Ⅰ』（1972年　青木書店）174頁
[16]　今井清一『体系日本現代史2　15年戦争と東アジア』（1979年　日本評論社）9頁
[17]　江口圭一前掲書『資料　日中戦争期阿片政策』23頁

史資料⑿阿片問題』に「冀東地区からヘロインを中心とする種々の麻薬が、奔流のように北支那五省に流れ出していった」[18]し、「熱河省ハ阿片ノ生産地、集散地トシテ夙ニ知ラレテイル所デアル。冀東地区ハ所謂長城線ヲ境トシテ此ノ熱河省ニ隣接シテイル。ココニ熱河カラ冀東地区へ阿片流入ノ問題ガ生ズルノデアル」[19]とあり、今井駿『中国革命と対日抗戦』にも「密輸商品の氾濫が中国社会に深刻な影響を及ぼし、結果として日中対立を極限にまで追いこみ、日中戦争の重要な要因の一つを形成することになった」[20]とある。

密輸の理由として、北岡伸一前掲書『日本の近代5　政党から軍部へ』に、

これより前に中国が高関税政策を実施して、日本とくに関西の雑貨業者に大きな打撃を与えたことがあった。これに対する一種の反撃として、冀東政府は輸入税を国民政府の四分の一に切り下げた。その結果、日本製品は冀東地域に殺到し、そこから中国各地に流れ込んだ[21]

---

[18] 岡田芳政他『続・現代史資料⑿阿片問題』(1986年　みすず書房) 資料解説

[19] 同上286頁

[20] 今井駿『中国革命と対日抗戦』(1997年　汲古書院) 278頁

[21] 北岡伸一前掲書283頁

第4章　もう一つの日中戦争 (IV) ― アヘン ―

とある。日本側にも〝言い分〟はあるが、侵略していることには違いないのである。

この密貿易も、歴史学研究会編前掲書『太平洋戦争史２　日中戦争Ⅰ』によれば、1936年「７月になると密輸商品は河北、チャハル両省内で飽和状態に達し、危険を代償とした密貿易は採算がとれなくなって衰退にむかった」[22]という。

一方、歴史学研究会編前掲書『太平洋戦争史２　日中戦争Ⅰ』174頁の〝資金流用〟に関しては、林茂前掲書『日本の歴史25　太平洋戦争』に「関東軍は、冀東政権に密貿易をやらせ、そのもうけの一部を徳王軍につぎ込み、田中隆吉中佐が直接指揮にあたっていた」[23]とある。1936年11～12月、綏遠事件を起こした内蒙古軍を指揮していた田中隆吉関東軍参謀の資金源は冀東政権が行っていた冀東貿易だったのである。伊藤隆前掲書『日本の歴史30　十五年戦争』にも「この冀東の関税収入のかなりの部分が……関東軍の〝内蒙工作〟に使用されたといわれる」[24]とあり、北岡伸一前掲書に「冀東政府の関税収入の一部は、関東軍の内蒙古作戦に使われたといわれている」とあり、臼井勝美前掲書『新版　日

---

[22] 前掲書『太平洋戦争史２　日中戦争Ⅰ』174頁
[23] 林茂前掲書27頁
[24] 伊藤隆前掲書181～182頁

中戦争』にも「冀東政府……の本収入はすべて通州特務機関の監督のもとに置かれ、200万元は内蒙工作……として使われ」[25]とある。

　冀東防共自治政府は三野正洋前掲書に「小世帯ながら昭和20年まで存続している」[26]とあるが、今井武夫前掲書によれば日本政府が日中戦争勃発後の1937年12月、北京に中華民国臨時政府を成立させると、役割を終えたとして冀東政権も1938年2月そこに吸収されたという[27]。三野正洋の言わんとする所は〝吸収はされたが、政府は形式的に昭和20年まで存在した〟ということかもしれない。その証拠に、中華民国臨時政府は、1940年3月、元中国国民党副総裁の汪兆銘が南京に国民政府を樹立するとそこに吸収されたが、臼井勝美前掲書によると、臨時政府の実体は華北政務委員会に改組して残ったという[28]。

4　蒙疆政権とアヘン

　次に、蒙疆政権である。由井正臣『近代日本の軌跡5　太

---

[25] 臼井勝美前掲書44頁
[26] 三野正洋前掲書257頁
[27] 今井武夫前掲書118頁
[28] 臼井勝美前掲書123頁

第4章　もう一つの日中戦争（Ⅳ）　―アヘン―

平洋戦争』に、

> 蒙疆政権の下で、ア・ヘ・ン・生産の拡大がはかられ、蒙疆政権から各地にアヘンが販売された。その量は1939年度から42年度までで合計1983万両（一両は36グラムなので、714トン）にのぼり、……日本占領地域内ではアヘン店、アヘン窟が急増し、アヘン禍が拡大した[29]

とある。
〝アヘン禍〟と書いたが、中国人は本当にアヘンを快楽のためのみに吸った結果中毒患者になってしまったのだろうか。疑問に思えてきたので、調べてみた。江口圭一前掲書『資料　日中戦争期阿片政策』には、

> 阿片を吸うと、肉体的苦痛が鎮静し、不快感や煩悶が除去され、快楽感を催して、……この効果のため阿片吸食は習癖となりやすく、中毒……へと進む。……身体の衰弱と神経喪失を来たし、廃疾に至る[30]

---

[29] 由井正臣『近代日本の軌跡5　太平洋戦争』（1995年　吉川弘文館）129頁
[30] 江口圭一前掲書『資料　日中戦争期阿片政策』13頁

とあり、有害面のみ強調されている。はたしてそれだけなのだろうか。江口圭一の言い方をきいていると、中国人全員が廃人になってしまったかのようである。確かにアヘン戦争以来、中国人は受け身のままアヘンを受け入れ、代金として銀が流出し、赤字が莫大なものとなって害が拡がったのは事実だが、江口圭一はそれに抵抗したのは中国共産党のみ、と言いたげである。

だが待ってほしい。中国人はそこまで〝でくの坊〟ではあるまい。害もあったであろうが、何がしかの有益な面がアヘンにあったからこそ、これだけ拡がったのではないだろうか。江口圭一はやたらに〝蔓延〟と言うが、中国人に役立ったからこそ〝拡大〟したのではないだろうか。その証拠に、本章の最初に書いたように中国共産党もアヘン生産を黙認しているのである。つまり、アヘンを害のみと見なすのは江口圭一の持つ「阿片、麻薬の使用もこれら（三光政策、毒ガスの使用 —— 引用者注）と並ぶ反人道的な戦争犯罪であった」[31]と思う先入観から来る謬論であると思う。言いかえれば、〝日本政府が行ったことはすべて悪〟という先入観から来るものなのである。

---

[31] 江口圭一前掲書『資料　日中戦争期阿片政策』4頁

第4章　もう一つの日中戦争（Ⅳ）― アヘン ―

では、アヘンが役立った点とは何か。それがあったからこそ足掛け4年間で7百余トンも販売されたのであろう。朴橿（許東粲訳）の前掲書『日本の中国侵略とアヘン』に、

> 台湾……で調査した結果を見ると、享楽が主な原因ではなかった。……全体の12.4パーセント……が享楽のためであると答え、残りの大部分は病気の治療のためだと述べた。……中国の民衆にアヘンの吸煙に適当な環境を提供したのが、決定的な原因となったと見ている[32]

とある。アヘン吸飲が病気の治療のため使用されたことが大きい、としているのである。度を越すと中毒となるが、度を越さないで治療のためにアヘンを利用した人々も多かったということなのである。

朴橿は「江口圭一が日本がアヘン政策を推進したもう一つの目的としてあげている中国国民の荒廃化は、……それを目的と見るには根拠が弱い」[33]と述べているが、私も賛成である。江口圭一の言い方は、中国人が〝日本の言いなりになって侵略された〟面のみを強調することで逆に中国人を劣等民

---

[32] 朴橿前掲邦訳256〜257頁
[33] 同上9頁

族と決めつけて差別していることになるのである。中国人がアヘンを採り入れたのは役に立つ面もあるからであり、彼等にもし、アヘンに有害な面のみしかないとわかっていればアヘン戦争以後厳禁政策を採ったはずである。確かに有害な面もあったが、有益な面も多々あったのである。江口圭一の「日本が蒙疆を供給源泉地として展開した阿片政策＝中国『毒化』政策は、日本国家による最も大規模で組織的・系統的な戦争犯罪であり非人道的行為であった」[34]という結論には到底同調できない。

江口圭一も「日本では第一次世界大戦でドイツからの医療用モルヒネの輸入が杜絶したため、その国産化がはかられ……星製薬株式会社がモルヒネの精製を開始し」[35]と書いている。江口圭一はアヘンが日本では〝薬〟だが、中国では〝毒物〟である、とまさか言いたいわけではあるまい。同じアヘンなのであり、江口圭一の誤った先入観のなせる業である。

次に、倉橋正直『日本の阿片王　二反長音蔵とその時代』に沿って論を進めたい。本書は戦前から戦中にかけてケシ栽

---

[34] 江口圭一前掲書『資料　日中戦争期阿片政策』168頁
[35] 同上19頁

第4章　もう一つの日中戦争（IV）―アヘン―

培の普及に努め、エネルギーの大半をつぎこんだ一介の日本の民間人の二反長音蔵の生涯を描いたものであるが、有益な指摘が多い。まず本書8頁に、

> 阿片やそれから作られるモルヒネ類は、一方ではたしかに世の中の役に立つ・医・療・品であったけれども、同時に恐ろしい麻薬でもあった

とある。一見すると江口圭一の論、つまり〝アヘンはすべて麻薬で中国に害のみをもたらした〟と一致しているように感じられる。だが、本書を読み進んでいくと、江口圭一の論と異なっていることがわかる。

　確かに、大阪府三島郡福井村（現茨木市）出身の音蔵はケシの魅力にとりつかれ、ケシ栽培普及のため東奔西走し、朝鮮、中国の「満州国」や蒙疆地区にまで出かけてケシ栽培の実地指導をした。その結果、

> ものすごい量のケシが栽培された結果、蒙疆地区は東アジア的な規模で展開する日本の阿片政策の中で、原料阿片の中枢的な供給地に位置づけられる。蒙疆地区で生産された原料阿片の量は莫大であって、それは、中国本土の占領地域だけにとどまらず、一部は東南アジア方面に

まで配布された(36)

とある。1937〜1943年頃「蒙彊地区は原料阿片の中枢的な供給地とされ、その阿片生産量は、年額400〜500トンにもなった」(37)という。故に日本の阿片政策は「阿片吸煙の習慣を持つという中国民族の弱点に食らいつき、それこそ骨までしゃぶろうというものであった」(38)ということは言えたが、それだけではない。つまり、以下の文章を見るとアヘンが〝有益な面〟もあったことがわかる。

戦争中、原料阿片の使途は、おおざっぱにいって、次の四つであった。すなわち、①民間の医薬品。主に燐酸コデイン。これはモルヒネから作られた。「燐コデ」と略称され、各種の痛みの緩和剤として、医療現場で多く使用された。②軍需用のモルヒネ。戦場で負傷した兵士の痛み止め。戦時下にあって、当然のことながら、最優先で製造された。このこともあって、上述の燐酸コデイン

---

(36) 倉橋正直『日本の阿片王　二反長音蔵とその時代』(2002年　共栄書房) 145頁
(37) 同上 235頁
(38) 同上 150頁

第4章　もう一つの日中戦争（Ⅳ）　―アヘン―

は不足ぎみであった。③阿片煙膏にも加工された。……日中戦争の時期、蒙疆産阿片を原料にして作られた阿片煙膏は、日本軍占領下の中国本土に運ばれ、高く売られた。④麻薬として、中国などに密輸された。……①の場合は問題ない。それこそ世の中の役に立っている。また、これなしには近代戦は戦えないという意味で、②の軍需用モルヒネはいわば兵器と同じ役割を果たした。……しかし、③と④は、国際条約に違反したものであって、中国などの人々をひどく苦しめた[39]

とある。また、

モルヒネは強い鎮痛作用があるので、負傷した兵士の痛み止めとして使われ、戦場の必需品であった。戦争の時代、当然、軍事関係が何をおいても優先された。軍需用モルヒネの生産量自体が軍事秘密に属していたから、きびしく秘匿された。……燐酸コデイン（……）は、モルヒネを原料にして製造された。薬理作用はモルヒネと同じであるが、全体に作用が穏やかだったので、各種の痛みの緩和剤として重宝され、多用されていた〔たとえ

---

[39] 倉橋正直前掲書216～217頁

ば、セキ止めの妙薬であった〕(40)

とある。つまりアヘンは「貴重な医薬品」(41)でもあったのである。

一方、「ヘロインは、麻薬としてすぐれた効能を持っていたので、医療の場では使わず、麻薬としてだけ使われた」(42)とある。モルヒネとヘロインを厳格に分けるべきなのである。ところが江口圭一は「モルヒネ、ヘロインいずれの中毒もはげしい禁断症状をおこし、心身の衰弱を来たして、廃疾となる」(43)などと書いており、混同も甚だしい。モルヒネとヘロインは用途が違うのである。

だからと言って、日本の中国侵略を正当化することはできない。日本軍が中国に進攻しなければ戦闘もないのであるから、日本軍兵士の痛み止めの薬も必要なかったはずである。倉橋正直の、

　　日本が、国際条約に背いて密輸し、領事裁判権を悪用し

---

(40) 倉橋正直前掲書237頁
(41) 同上257頁
(42) 同上238頁
(43) 江口圭一前掲書『資料　日中戦争期阿片政策』14頁

第4章　もう一つの日中戦争(IV)　―アヘン―

て中国の国民に売り込んだヘロインの中毒で、おそらく1000万人単位の中国人が恨みを呑んで死んでいったことであろう。……阿片政策が日本の中国侵略の中心にあった[44]

という論は正しいのである。

戦後、行なわれた東京裁判は、たしかに日本の阿片政策は多少問題にされたが、しかし全体としては免罪されてしまう。阿片政策が総体として免罪されたのであるから、何の役職にもついていない音蔵のような立場の者が、処罰の対象に入らなかったのは当然であった。……私は音蔵の責任もまた追求すべきだと考える[45]

とある。
二反長音蔵については江口圭一も、

日本内地では、台湾領有後、〝阿片王〟と称された二反長音蔵らの尽力で、三島郡らを中心とする大阪府および

---

[44] 倉橋正直前掲書259頁
[45] 同上218〜219頁

和歌山県を主産地として罌粟栽培がおこなわれた。……1930年代には栽培面積800〜1000ヘクタール、阿片生産量1万キログラム内外に達した[46]

と述べている。

　倉橋正直は結論として「日中戦争時期には蒙疆産阿片を使って、100万もの大軍が八年間、中国大陸で戦い続ける費用を稼ぎ出した」[47]と述べているのである。

5　熱河省とアヘン

　熱河省におけるアヘン生産について、検証したい。内藤戊申前掲書に、

　　坂道をころげはじめた関東軍という車は、とどまるところを知らず、1933（昭和8）年2月から、「熱河省は満州国の予定領域である」という前提に立って、この地域にある反日勢力に対して武力攻撃にのりだした。関東軍はまたたくまに熱河省を掃討し、長城を越えて華北に侵

---

[46]　江口圭一前掲書『資料　日中戦争期阿片政策』25頁
[47]　倉橋正直前掲書258頁

第4章　もう一つの日中戦争(Ⅳ)　─アヘン─

入した。これに対して現地の中国軍は自発的に抵抗をしたが、蒋介石は撤退を指令し、日本との妥協のうえに、5月末、塘沽停戦協定が成立した。……非武装地帯であるはずの地域が満州国の準勢力範囲となったのである[48]

とあり、熱河省が「満州国」に組み入れられてしまったのである[49]。

---

[48] 内藤戊申前掲書151頁
[49] 「熱河作戦」については、三野正洋前掲書に「2月中旬、またまた関東軍は中央を無視して、占領地の拡大に乗り出した。満州の西、万里の長城の北に広がる熱河省が目標である。第六、第八師団約3万人が厳しい寒気をついて進み、3月4日には承徳(省都)を占領し、熱河省を事実上手に入れた。しかし、関東軍はこれでもなお満足せず、熱河を足がかりとして内モンゴル、中国の華北地方も支配下におさめようとしていたことは明白である。……満州国は、その後まもなく熱河省を加えて四省となった」(64〜65頁)とあり、臼井勝美前掲書に「関東軍が熱河方面で新たな軍事行動を展開した。3月4日省都承徳をほとんど無抵抗で占領した。……塘沽停戦協定の調印をみた。……日本側がこの協定の成立によって、中国は長城の線を満州国の国境とすることを事実上認めたと解釈しても無理はないであろう」(4〜6頁)とあり、黄文雄前掲書にも「満州国の南に位置し、もともと満州人(清帝国をつくった民族)の版図である熱河省をめぐり、日中の緊張関係が武力行使に発展した。これが昭和8年の熱河事件(熱河作戦)だ。……最後の満州軍閥・万福麟(……)をも万里の長城の南(中国

倉橋正直前掲書によれば、音蔵は1938年7月ケシ栽培の指導のためその熱河省に出かけたという。

　熱河省は山がちの地形で、土地が痩せていて、ケシぐらいしか生育に適していなかった。そのため、……従来から阿片の産地として有名であった[50]

という。また、

　熱河省自体が不便なところで現在でも容易に行けない所である。……音蔵は、そういった熱河省でも相当な奥地に位置する、辺鄙な場所にまで入っていって、ケシ栽培

本部）に駆逐した関東軍は、満州国の熱河省回収に成功したのである」（160頁）とある。また、前掲『アジア歴史事典』の「熱河省」の項目に「中国北部の旧省名。1913年に特別区域となり、1928年熱河省と改められた。……承徳市（……）を省都とした。……漢・満・蒙3民族の雑居地であった。……28年熱河省と改め、……張学良の勢力下に入り東北政務委員会の管轄となった。……反日・反満州国の動きが活発であったために日本軍の熱河進駐が行われた。さらに35年、漢・満民族と蒙古族の生活様式のちがいから、シラ・ムレン以北のジョーウダ盟を分轄して興安西省とした」とある。

[50]　倉橋正直前掲書94頁

第4章　もう一つの日中戦争（Ⅳ）　—アヘン—

を指導している[51]

とある。

　全体にケシ栽培の盛んな熱河省の中でも、囲場や赤峰は、さらにケシ栽培の中心地であった。音蔵は、このケシ栽培の中心地に乗り込んでゆく[52]

ともある。その理由として「1938年秋以降、満州国では、ケシ栽培は熱河省だけに限定され、ケシ栽培面積は従来のおよそ半分に減少する」[53]ということが挙げられる。つまり、生産性を向上させ不足分を補うため、ケシ栽培の第一人者の音蔵が63歳という年齢にもかかわらず招待されたわけである。彼は無防備だったわけではない。「音蔵一行には今度も一隊の護衛の兵隊がついていた。逆にいえば、強力な護衛なしには音蔵の任務は到底、遂行できないような状況だったのである」[54]とある。

---

[51] 倉橋正直前掲書105頁
[52] 同上106頁
[53] 同上100頁
[54] 同上103頁

「熱河省の奥地を護衛兵とともに車で疾駆している時、たしかに体は疲れきっていたが、しかし精神のほうは、かえって昂揚し、いわば与えられた任務をきちんとやり終えたという満足感に浸りきっていたのではないだろうか」[55] とある。こうして熱河省のアヘン生産は増大していくのである。

6　おわりに

様々な研究書を使用して、中国共産党とアヘンとのつながり、日本の傀儡政権内でのアヘン生産やアヘンの密輸を検証してきた。今回はまだ検証半ばという感じであり、倉橋正直前掲書に、

> 日本のアヘン政策は……重大なテーマにもかかわらず、研究は大幅に遅れている。むしろ始まったばかりといったほうがふさわしいであろう[56]

とある通りである。私はこれからも、日本の日中戦争期の中国でのアヘン政策について研究していきたいと思っている。

---

[55] 倉橋正直前掲書119頁
[56] 同上6〜7頁

第5章
もう一つの日中戦争（V）
― ノモンハン事件時のモンゴル人 ―

1　はじめに

　日中戦争中の1939年5月から9月にかけて、中国東北部の、満州国とモンゴル人民共和国との国境で起こったノモンハン事件では、ソ連・モンゴル人民共和国連合軍（以下、ソ蒙軍と略す）と日本軍との戦闘が行われた。この時、ソ蒙軍内の外モンゴルのモンゴル人兵士と日本軍内の内モンゴルのモンゴル人兵士との、モンゴル人兵士同士の直接の衝突はなかった、と言われている。はたして、本当にそうか。私は以下で、検証してみたい。

2　過去の検証

　まず、私が最初に調べた、余伯顔の書には、

　　傀儡満州国の蒙古軍兵士はソ連や蒙古人民共和国と戦うことを欲せず、このためノモンハン事件が爆発すると彼

らは多数散り散りになり山中に入って遊撃戦争に参加した⁽¹⁾

とあった。また、次に調べたジャチスキンの書には、

1938年のノモンハン戦争の時、外モンゴル軍と『満州』［ママ］のモンゴル軍隊は互いに消息を伝え、流血を避けたため、日本人はあえて彼らが訓練したモンゴル軍隊を前線に送ることをしなかった⁽²⁾

とあった。
　私はかつて、この余伯顔とジャチスキンの二人の論旨から、外モンゴルのモンゴル人兵士と内モンゴルのモンゴル人兵士との、モンゴル人兵士同士の衝突はなかった、と拙稿で断定しておいた⁽³⁾。

---

(1) 余伯顔『内蒙古歴史概要』(1958年　上海　人民出版社) 164頁。邦訳は引用者。

(2) 札奇斯欽（ジャチスキン）『蒙古之今昔㈡』(1955年　台北　中華文化出版事業委員會) 260頁。邦訳は引用者。

(3) 拙稿「続　検証　満州国内のモンゴル族」(『和洋教育』2005年3月号　和洋国府台女子中学校・高等学校) 31頁、34頁

第5章　もう一つの日中戦争 (V) ― ノモンハン事件時のモンゴル人 ―

3　最近の検証

　その後、詳しく調べてみて様々なことがわかってきた。まず、鎌倉英也が書の中で、1939年のノモンハン事件後の「『捕虜交換後の捕虜名簿』……これは、捕虜交換が終わった後で、引き続きソビエト側に残された人数を示しているのである。捕虜の数は総数95人。日本人・55人、バルガ人・40人、という内訳である」[4]と述べている。戦闘に参加してソ蒙軍側の捕虜となった日本軍兵士の中にバルガ人、つまりモンゴル系のバルガ人がいたということは、日本軍の方にモンゴル人兵士が参加していたということになる。

　だが、この書には、残念ながら肝心の外モンゴルと内モンゴルのモンゴル人兵士同士の詳しい戦闘の様子は書かれていない。

　そもそも、今井武夫はノモンハン事件についてまず、

　　はじめは、内外蒙古住民の紛争にすぎなかったが、これを日本とソ連が取り上げた、いわば子供の喧嘩を大人が

---

[4] 鎌倉英也『ノモンハン　隠された「戦争」』(2001年　日本放送出版協会) 218頁

買ってでたようなものであった⁽⁵⁾

と書いていた。さらに「日本軍の犠牲は、戦死8,440人(ママ)、負傷8,766名にのぼり」⁽⁶⁾ともあって、モンゴル人は兵士として日本軍に加わっていないかのように書いていた。

その後、色々と調べてみて、細かいことが段々とわかってきた。旧ソ連軍人のS・N・シーシキンが書いた『ノモンハンの戦い』という、第一次資料だと思われる書に、1939年「5月から9月までの日・満軍の損失の総計は将兵5万2000から5万5000に達し、そのうち死者だけで2万5000人をくだらなかった」⁽⁷⁾とある。ここでは満州国軍もノモンハン事件に参加した、としているのである。満州国軍と言うからにはその中に、モンゴル人兵士もいたのではないかと想像される。以後、私はこの『ノモンハンの戦い』という書を中心に、論を進めようと思っている。

満州国軍に関しては、小林英夫が書の中に、

---

(5) 今井武夫前掲書184頁
(6) 同上197頁
(7) S・N・シーシキン（田中克彦訳）『ノモンハンの戦い』（2006年 岩波書店）84頁

第5章　もう一つの日中戦争（V）―ノモンハン事件時のモンゴル人―

> このノモンハン事件には、関東軍に組み込まれた満洲国軍も参戦している。満洲国軍というのは、……旧軍閥軍隊のなかで……日満混成の特殊部隊の……総計13万人ほどの軍隊である[8]

と具体的に書いている。このことから日本軍の中に、モンゴル人兵士もある程度いた、と思われるのである。

これに対して、ソ蒙軍側に参加したモンゴル人兵士の数は少ないようである。なぜならば、田中克彦が『ノモンハン戦争』に「モンゴル人民革命軍は237人が殺され、32人が行方不明となった」[9]と書いているからである。さらに、この書にソ連が、

> こうした兵士の出身民族にまで配慮したのは、単にモンゴル軍兵士との関係を考えただけではなく、満洲国のホロンボイル興安軍(ママ)のことまで考慮に入れていたのではないかと思われる[10]

---

[8] 小林英夫『ノモンハン事件』（2009年　平凡社）160頁
[9] 田中克彦『ノモンハン戦争』（2009年　岩波書店）201頁
[10] 同上202頁

と書いてある。田中克彦の書を見ても、日本軍側にモンゴル人兵士がある程度参加していたことがわかるのである。

最新の資料に、田中克彦編の『ハルハ河・ノモンハン戦争と国際関係』がある。その中の、席慕蓉筆の「忘れられた魂——狭間の興安軍」という文に、

> いわれなくして歴史の狭間に翻弄され犠牲になった人々は、満洲国時代、「興安軍」として編成された1万あまりの、騎馬と射撃に優れたモンゴル人やダグール人であった。……1本の政治境界線が両岸の同文同種のモンゴル人の行き来を遮断することができるとしても、たがいに殺し合いをさせることは絶対にできない。……訓練も装備も不足のまま興安軍の騎兵はあわただしく出陣し、対岸のソ連軍の猛烈な砲火攻撃によって、多数の死傷者が出た。……軍人たちは……大挙して「逃亡」することとなった[11]

とある。これによると、満州国軍の中のモンゴル人兵士の中には、敵側のモンゴル人民共和国軍に投降する者もあっ

---

[11] 田中克彦編『ハルハ河・ノモンハン戦争と国際関係』（2013年　三元社）124〜125頁

第5章　もう一つの日中戦争（V）― ノモンハン事件時のモンゴル人 ―

た、ということがわかるのである。

　また田中克彦編の、『ハルハ河・ノモンハン戦争と国際関係』の中のG・ミャグマルサムボー筆の「ハルハ河戦争とホロンボイル[ママ]のバルガ族」という文に、

> 日本軍指揮者はバルガ軍を評価し、かれらを活用することに関心があった。バルガ騎兵は興安騎兵師団の構成部分に加え、その大部分は土地の牧民たちだった。また日本や満洲興安軍の士官学校を卒業した者も少なくなく、かれらは下級指揮官の任務を遂行していた。バルガ軍はハルハ河戦争の端緒から戦闘に参加していた。……「モンゴル人はモンゴル人と戦わない」という話がいつの頃からか、ひろまっていた。……これらのことにもとづいて、バルガ兵の中には戦場から離脱し、モンゴル軍とたたかうことを拒否し、一群となってモンゴル、ソビエト軍に降伏することも少なくなかった[12]

とある。やはり、これによってもバルガ人がかなり、兵士として日本軍に加わっていたことがわかる。

　席慕蓉とG・ミャグマルサムボーの二人の論旨から、ノモ

---

[12] 田中克彦編前掲書『ハルハ河・ノモンハン戦争と国際関係』132頁

ンハン事件の時、日本軍側にかなりの数のモンゴル人兵士がいて戦闘に動員されたが、外モンゴルのモンゴル人兵士と戦うことを欲しなかったため、外モンゴル側に寝返った兵士もかなりいたということがわかるのである。

　次に、防衛庁防衛研修所戦史室編の『戦史叢書　關東軍１』（以下『関東軍　１』と略す）という書がある。これにもノモンハン事件時の日本軍側の現地の総責任者小松原道太郎中将の言葉として、「満系士兵中三々五々戦場を離脱する者が生じたのはやむを得ないところであった」[13]とある。この旧防衛庁の書は、小林英夫も評価しており、第一次資料と言える[14]。ましてや、この部分は特に事件当事者の言葉であるから、信用が置けると思われる。

　結論として言えば、日本軍から逃亡するモンゴル人兵士がかなりいた、ということであろう。私は、これからこの書もよく引用するつもりである。

---

[13] 防衛庁防衛研修所戦史室編『戦史叢書　關東軍　１』（1969年　朝雲新聞社）611頁
[14] 小林英夫前掲書『ノモンハン事件』10頁に、「軍の動きをあくまでも客観的に記述しており、当然のことだが、軍関係者の指揮・作戦への批評は抑制されている」とある。

第5章　もう一つの日中戦争（V）―ノモンハン事件時のモンゴル人―

4　満州国内のモンゴル系民族

ここで、満州国内のモンゴル系民族について、少し整理してみたい。まず、村松一弥の書に、

> ダフール族は、ノモンハン事件で有名な、黒竜江省のホロンバイル地方（約2万余人）と、チチハル付近の嫩江およびその支流ぞいの地方（約2万余人）に住んでいる[15]

とある。

次に、塚瀬進は、満州国「西北部のホロンバイルには、ダグール、オロチョンなどの少数民族が暮らしていた。……つまりホロンバイルに住む各民族の枠組みは、清朝によって与えられたものを基礎として現在にいたっているのである」[16]と述べている。ホロンバイル地方の主要な先住民族はモンゴル系ダフール人であるということがこれにより、わかるのである。

一方、田中克彦前掲書『ノモンハン戦争』には「バルガ

---

[15] 村松一弥『中国の少数民族』（1973年　毎日新聞社）78～79頁
[16] 塚瀬進『満州国』（2000年　吉川弘文館）112頁

族は……ホロンボイル（ママ）の地に18世紀ごろ移住してきたものである」$^{(17)}$が、「ホロンボイル（ママ）には先住のダグール、エヴェンキ（もともとソロンと言った）などの諸族が住み」$^{(18)}$ともあって、バルガ人という民族も結構いたことがわかる。また田中克彦はこの書で、「バルガ族はもともとバイカル湖のブリヤートから移住してきたブリヤート人である」$^{(19)}$と述べている。これによると、バルガ人は元々はモンゴル系のブリヤート人という名称であり、中国東北部の、西北にあるホロンバイル地方に移住してきて、バルガ人という名称になったようである。

　ホロンバイル地方に暮らす先住民族として少数派の、オロチョン人については、塚瀬進は、

> ホロンバイルに暮らすオロチョンに対して、関東軍は対ソ戦のため軍事訓練や日本語教育を強要していた。狩猟技術に優れたオロチョンは射撃能力が高く、関東軍もこれに目をつけたのであろう。1986年にオロチョンの民族調査をした大塚和義は、日本語を多少知っている老人

---

(17) 田中克彦前掲書『ノモンハン戦争』26頁
(18) 同上48頁
(19) 同上45頁

第5章 もう一つの日中戦争(V) ―ノモンハン事件時のモンゴル人―

を見つけている[20]

と述べている。

ここで、オロチョン人について、少し説明したい。村松一弥によるとオロチョン人はツングース系で、

> 川をはなれ、興安嶺の山中に住み、トナカイを飼う独特な経済、文化をもつ集団をさす。……人口は2千4百余人[21]

とある。

私はかつて、樺太（現サハリン）生まれの、ツングース系少数民族のオロッコ人の民族活動家である北川源太郎という人物（オロッコ語名でゲンダーヌ）のことを調べたことがある[22]。このオロッコ（別名ウイルタ）人というのは、オロチョン人のことのようである。なぜならば、村松一弥の書に、

---

[20] 塚瀬進前掲書113頁
[21] 村松一弥前掲書46頁
[22] 「ゲンダーヌさんの夢 自ら民族の誇り守る オロッコ資料館建設へ」（『朝日新聞』1978年2月4日号）、「北方少数民族ウイルタの夢が実現 網走に資料館完成」（『朝日新聞』1978年8月21日号）

オロチョンの語源は、トナカイを意味するツングース語のオロン（……）に由来するか、もしくは山頂を意味するオロン（……）に由来する[23]

とあり、「オロッコ」と「オロチョン」は発音がよく似ているからである。
『朝日新聞』の記事の説明文に、まず、

　ウイルタ＝シベリア、サハリンの東海岸などに住むツングース族の一支族。トナカイの飼育と狩猟、漁労を生業としている[24]

とある。『朝日新聞』のもう一つの記事の説明文にも、

　ウイルタ＝一般にはオロッコ（アイヌ語）と呼ばれているが、自らはウラ（飼いトナカイ）とともに生活する人という意味のウイルタを使う。サハリン（樺太）に古くから住みついている少数民族の一つで、遊牧を中心に狩

---

[23] 村松一弥前掲書46頁
[24] 『朝日新聞』前掲「ゲンダーヌさんの夢　自ら民族の誇り守る　オロッコ資料館建設へ」

第5章　もう一つの日中戦争（V）―ノモンハン事件時のモンゴル人―

猟する民族[25]

とある。

細川呉港も、「大興安嶺のすそ野や山岳地帯には、ソロン族やオロチョン族もいた。のちにソ連のバイカル湖の東、ザバイカルからブリヤート・モンゴルもやって来た」[26]と書いている。シーシキンの邦訳本の中の訳者注にも、「ホーチン・バルガは、ダグール、エベンキ、チプチン、エレート、ソロン、オロチョンなどツングース系諸族から成る」[27]とある。満州国内のモンゴル系民族については、一旦ここまでにしたい。

5　両軍の衝突（I）

ここで、本文の本論である、ノモンハン事件の時に、ソ蒙軍側のモンゴル人兵士と日本軍側のモンゴル人兵士との、モンゴル人兵士同士の両軍の衝突が実際にあったかどうかにつ

---

[25] 『朝日新聞』前掲「北方少数民族ウイルタの夢が実現　網走に資料館完成」
[26] 細川呉港『ノモンハンの地平』（2007年　光人社）27頁
[27] シーシキン前掲邦訳16頁

いて、検証したい。

　まず田中克彦は書の中に、「ノモンハン戦争は、越境してきたモンゴル騎兵隊と、満洲国興安騎兵隊との小規模な衝突がきっかけだった」[28]と書いている。
　また、ワルター・ハイシッヒは両軍の衝突について、まずこう述べている。

> 1939年の夏には興安北省とモンゴル人民共和国国境でノモンハン事件が起きた。実際にはソ連邦と日本というこの二大強国間での力だめしだったことが、東部モンゴル諸族とハルハ・モンゴル人の間の力だめしのような観を呈した。モンゴル人は二つの陣営に割れて相食んだ。そこに配置された日本軍師団がロシヤ軍によって大損害を受けたことは、東部モンゴル人と内モンゴルでの威信を傷つけた。国境事件はほどなく停戦協定でかたづいた[29]

---

[28] 田中克彦前掲書『ノモンハン戦争』218頁
[29] ワルター・ハイシッヒ（田中克彦訳）『モンゴルの歴史と文化』（1967年　岩波書店）256頁

第5章　もう一つの日中戦争（V）―ノモンハン事件時のモンゴル人―

と。ワルター・ハイシッヒの文をここまで読むと、内モンゴルと外モンゴルのモンゴル人兵士同士がかなり戦ったように取れる。

ところが、ワルター・ハイシッヒの文の続きにこうある。

> モンゴル・パルチザンはモンゴル人の親日系軍隊を骨抜きにし、中でも東部モンゴルに配置されていた興安騎士団は1939年のノモンハン事件の際、完全な出撃態勢をとれなかったほどになった[30]

と。この、ワルター・ハイシッヒの文の続きの方を読むと、文の前の方とは逆に、内モンゴルのモンゴル人兵士がそれほど戦闘に参加していないかのようにも取れるのである。

どちらが正しいのか。ただ、文中の「骨抜き」なるものがどのように行われたのかは不明である。故に、内モンゴルのモンゴル人兵士の、戦闘参加の有無ははっきりしない。

そこで、ここまで述べてきたことの一つのとりあえずの結論として、先程の席慕蓉とG・ミャグマルサムボーの二人の論旨もあわせると、内モンゴルのモンゴル人は、満州国政府に強制されてある程度兵士として戦闘に参加はしたが、外モ

---

[30] ワルター・ハイシッヒ前掲邦訳262頁

ンゴルのモンゴル人兵士との同士討ちになることを嫌っていたので、多くの兵士が外モンゴル側に投降したり逃亡したりした、ということになると思われるのである。

　先程「強制されて参戦した」と書いたが、G・ミャグマルサムボーの「ハルハ河戦争とホロンボイル(ママ)のバルガ族」という文に、

> 日本関東軍の戦士たちは、「天皇のために命を捧げる」との願望を抱いて戦った。しかし、バルガの兵士たちにはそのようなはっきりした願望はなく、その心情はあいまいであり、ただ命令だからと言うので参戦したといえる。言い換えれば、バルガ兵がハルハ河に参戦して、同胞に向かって武器をとって戦ったのは、かれらの誤りではない。これは時代の流れによって起きた悲劇の歴史である[31]

とある。まさに、その通りであろう。

　ただ、前掲書『関東軍　１』に、1939年５月の戦闘中「満軍（警備軍）主力ハ……『ノモンハン』附近ヲ出発……

---

[31] 田中克彦編前掲書『ハルハ河・ノモンハン戦争と国際関係』134頁

第5章 もう一つの日中戦争 (V) ―ノモンハン事件時のモンゴル人―

当面ノ『ソ』蒙軍ヲ攻撃 (……) シ川又ニ進出　退路遮断」[32]とある。ここから日本軍側のモンゴル人兵士が積極的にソ蒙軍と戦った様子は、見てとれる。

因に、この書には日本軍側のモンゴル人兵士が「北警備軍所属」と多く書かれており、この軍が主に参戦したようである。

「投降」という点に関して、小林英夫の書の中に、「興安支隊は、近代化されたソ蒙軍の機械化部隊を前に絶望的となり、戦意を喪失し、途中から帰還したり、反乱を起こし、ソ蒙軍に投降したりした」[33]とある。これにより、日本軍に参加していたホロンバイル地方のモンゴル人兵士がかなりの数、ソ蒙軍側に投降したことがまたわかるのである。

6　日本軍側の戦死傷者数

ここで、視点を変えてノモンハン事件時の、日本軍側の戦死傷者数について少し考えてみたい。これに関して、三野正洋は、「日本軍／満州国軍の人的損失は戦死8440名、負傷8766名となっている。……日本軍の負傷者数は明らかに

---

[32] 前掲書『関東軍　1』450頁
[33] 小林英夫前掲書『ノモンハン事件』160～161頁

低すぎ」⁽³⁴⁾である、と述べている。これによっても日本軍側に、モンゴル人兵士を含む満州国軍が多数加わっていたことがわかるのである。

　他の書には、どう書かれているか。例えば、オーエン・ラティモアは、

　　この地の戦闘は、ハルハ河の沿岸で行われたので、その河の名によっても知られている。この結果、日本軍はかつてないほどの大敗北をきっし、日本側が認めただけでも１万７千人の損害を受けた。ロシア側では、ソ蒙軍は約６万の日本兵を殺傷し、７百の航空機を落としたと主張している⁽³⁵⁾

と書いている。日本軍側の戦死傷者の数は、先程の三野正洋とほぼ同じである。ということは数的には日本軍側の戦死傷者はこのくらい、ということであろう。

　ノモンハン事件時の、日本軍側の戦死傷者数について、細川呉港も書に、「死傷者と行方不明者あわせて１万8000

⁽³⁴⁾　三野正洋前掲書106頁
⁽³⁵⁾　オーエン・ラティモア（磯野富士子訳）『モンゴル ― 遊牧民と人民委員 ―』（1966年　岩波書店）147〜148頁

第5章　もう一つの日中戦争（Ⅴ）―ノモンハン事件時のモンゴル人―

人といわれる」⁽³⁶⁾と書いているので、やはりほぼこの数くらいだったと思われる。他に、辻密男は書に、「昭和42年10月12日、靖国神社において、ノモンハン戦没者の慰霊祭が行われた。神社側の発表では、ノモンハンの戦没者は1万8千2百35名であった」⁽³⁷⁾と書いている。だが、ここでは戦傷者の分まで誤って戦死者に入れているようであり、これは間違いである。

ただ、細川呉港の書に、

> 遊牧民は1000頭以上の牛、万頭以上の羊が強制的に軍隊に供応され、群れを成す馬は、軍馬として騎兵や輓馬にあてられた。遊牧民は150キロ以上も離れた中東鉄道の東に家畜を連れて移動を余儀なくされ、市場は壊されて、生活は疲弊した。これらすべて一切は、日本の蒙古侵略戦に端を発する結果である⁽³⁸⁾

とある。内モンゴルのモンゴル人がノモンハン事件により、大きな損害をこうむったことだけは厳然とした事実のよ

---

(36) 細川呉港前掲書273頁
(37) 辻密男『ノモンハンとインパール』(2000年　旺史社) 146頁
(38) 細川呉港前掲書303頁

うである。もっとも、日本軍内のモンゴル人兵士の死傷者数は不明である。

7　外モンゴル軍側の戦死傷者数

　一方、ソ蒙軍内の外モンゴル軍側の戦死傷者数はどれくらいか。少し考えてみたい。G・ミャグマルサムボー筆の別の文の「ハルハ河戦争に参加したモンゴル人民革命軍について」に、「この戦争に参加したモンゴル軍と国境警備隊のうち895人が死傷ないし消息不明となった。これは当時の人口がたったの70万あまりであったモンゴルにとっては小さからぬ数字である」[39]とある。これによると外モンゴル側でも、ある程度の数の戦死傷者はあったようである。

8　両軍の衝突 (II)

　ソ蒙軍のモンゴル人兵士と日本軍のモンゴル人兵士の、両軍の衝突の話に戻りたい。シーシキンの邦訳本に1939年1月、「20人の日本・バルガ軍は第7国境哨所の守備隊に攻撃をかけ、守備兵たちを包囲した。戦闘の結果、日本・バルガ

---

[39] 田中克彦編前掲書『ハルハ河・ノモンハン戦争と国際関係』78頁

第5章　もう一つの日中戦争（V）―ノモンハン事件時のモンゴル人―

軍はモンゴル兵一人を負傷させ哨所長を捕虜にした」[40]とある。その箇所の訳者注に、シーシキンが「時にバルガ駐兵隊と言ったり、満州国軍の編成による命名にしたがって、興安騎兵隊（満洲騎兵隊）とも呼んでいる」[41]とも書いてある。つまり、内モンゴルのモンゴル人兵士も、ノモンハン事件の前哨戦からすでに参戦していたということなのである。ただ、ノモンハン事件勃発後のシーシキンの邦訳本の文に、日本軍側に参加したモンゴル人兵士の具体的な人数は残念ながら、あまり書かれていない。

ただし、モンゴル参加部隊の名前は、シーシキンの邦訳本に若干書かれているのである。これを、日付を追って少し見ていきたい。まず、1939年5月の、事件の緒戦時に、日本軍側に「バルガ騎士隊の第1、第7小隊」が入っていたという[42]。

次に、辻政信も書に、ノモンハン事件の開戦時、「正面に配置されていた満軍は、主に蒙古兵部隊で、戦時その指揮権は当然師団長に統一せられることになっていた。……興安師

---

[40] シーシキン前掲邦訳14頁
[41] 同上17頁
[42] 同上22頁

兵数1,851　興安支隊　兵数2,936　少年隊一隊あり」[43]と書いている。モンゴル人兵士はこの書によると、満州国軍の全体7339人中4787人だから半数以上いたことになる。かなりの数と言えるのである。

　辻政信はまた続けて、「事件は単に、外蒙騎兵が、馬に水を飲ますためハルハ河を渡って、劣弱な満軍（内蒙騎兵）をからかったのだろうか。それともモスコーの指令を受けた偵察戦かは判らない」[44]と書いている。だが、それがすぐに本格的戦闘になってしまったようである。

　一方、辻密男は書の中に、1939年5月の事件勃発時について「外蒙軍がハルハ河の東方に進出したので、日満側は国境侵犯として所在の満軍警備隊がこれを撃退したが、外蒙軍は、兵力を増加して再び国境を侵犯した」[45]と書いている。日本軍側でモンゴル人兵士も相当参戦したことが、これによりわかる。

　また、前掲書『関東軍　1』にも緒戦の時、「海拉爾駐屯の満軍の一部（いわゆる北警備軍であり、同軍に属する騎兵

---

[43] 辻政信『ノモンハン』（1975年　原書房）68〜69頁

[44] 同上70〜71頁

[45] 辻密男前掲書90頁

第5章　もう一つの日中戦争（Ⅴ）―ノモンハン事件時のモンゴル人―

約150に山砲2、機関銃3を付属）をも現地に急派し」[46]たとある。これからも、日本軍側にモンゴル人兵士が多数加わっていることがまた証明されるのである。

　シーシキンの邦訳本を、続けたい。ソ蒙軍側の軍隊の状況について、こうある。

　　モンゴル騎兵隊は、戦闘隊形の両側面に位置をとって深い偵察を行うかわりに、狙撃隊間の中央に配備されていた。なぜこのような配備になっていたかは、おそらくモンゴル騎兵がソ連部隊に比べて経験が浅く、少数であったために、自らが他の支援を必要としていたからとしか説明できないであろう[47]

と。これにより外モンゴル側にもモンゴル人兵士が参加してはいたが、数は少数だったことがわかる。以後、ソ蒙軍側のモンゴル人兵士には騎兵が多い。これは、前掲書『関東軍　1』からもわかるのである[48]。

---

[46] 前掲書『関東軍　1』442頁
[47] シーシキン前掲邦訳29〜30頁
[48] 前掲書『関東軍　1』に、6月30日「外蒙騎兵2師団の各主力を

131

次に、1939年7月の戦いでは、シーシキンの邦訳本によると日本軍側に「バルガ騎兵の第八騎兵連隊のすべて」[49]が参戦し、ソ蒙軍側に「モンゴル人民革命軍第六騎兵師団」[50]が参戦したという。1939年8月の戦いでは日本軍側が「バルガ騎兵三個連隊を擁していた」[51]のに対し、ソ蒙軍側では「モンゴル人民革命軍第六騎兵師団は左翼を掩護した」[52]という。いずれも、補助部隊である。

　この後1939年8月の戦いを最後に大規模な衝突は終了したが、1939年9月になっても散発的な戦いはあったようである。シーシキンの邦訳本に、1939年「9月8日の夜、……日本軍は4個中隊を投入して、再び攻撃を試みたが、またもや、大きな損失をもって撃退された」[53]とある。前掲書『関東軍　1』にも、1939年9月8、9日日本軍が「外蒙騎兵師団に対し果敢な夜襲を展開した」[54]とある通りなのである。

　　もって右岸の要域を固め」（497頁）や、7月当初日本軍が「交戦したのは外蒙騎兵第15連隊で」（517頁）などとある。
[49]　シーシキン前掲邦訳32頁
[50]　同上34頁
[51]　同上53頁
[52]　同上56頁
[53]　同上83頁
[54]　前掲書『関東軍　1』727頁

第5章　もう一つの日中戦争（Ⅴ）―ノモンハン事件時のモンゴル人―

こうして、1939年「9月16日、戦闘行為は停止された」[55]のであり、ノモンハン事件は結局ソ蒙軍の圧倒的勝利で終わったのである。

つけ加えると、田中克彦の『ノモンハン戦争』に、モンゴル元大統領オチルバトの夫人の話として「私の父はハルハ河に参戦しました。けれどモンゴル人は、日本人と戦うのを好まなかったから、後方で輸送を担当したのです。車が砂に埋まって、うまく作業ができなかったとよく話していました。……現代史家のS・バートル氏は……次のように述べている。……モンゴル人民革命軍は237人が殺され、32人が行方不明となっただけだった」[56]とある。

ここで全体をまとめると、ソ蒙軍側のモンゴル人兵士の犠牲者数は依然として資料はほとんどないが、数は一応少なかったようである。

一方、日本軍側のモンゴル人兵士の犠牲者数は、やはり不明であると言える。

---

[55] シーシキン前掲邦訳83頁
[56] 田中克彦前掲書『ノモンハン戦争』200〜201頁

9　おわりに

　戦争とは当たり前だが、残酷なものである。辻政信の書に、1939年5月の事件の緒戦の頃、辻政信参謀がソ蒙軍側の焼けた軽装甲車を見つけ近よると、中にモンゴル人運転手が黒焦げの死体となっていて、足首に鉄鎖が巻きつけられていたとある。「外蒙兵が、ソ連戦車に鉄鎖で縛りつけられながら民族解放のかけ声の下に、こうして日本との戦争に駆り立てられているのである」[57]と書いてある。衝撃的であり、生々しい記述である。

　ソ蒙軍側に加わっている外モンゴルのモンゴル人兵士も、決して自主的に戦闘に参加しているのではないことをうかがわせる文である。逆であり、強制的に参加させられていた、ということであろう。これが戦争の真実かもしれない。つまり、内モンゴルのモンゴル人兵士と同じように、外モンゴルのモンゴル人兵士も本心では戦争に参加したくなかったということであろう。誰が好きこのんでモンゴル人兵士の同士討ちなどしようか、ということなのである。

　ソ蒙軍側のロシア人兵士は日本が憎かったかもしれないが、外モンゴルのモンゴル人兵士の方は日本に恨みなどな

---

[57] 辻政信前掲書89頁

第5章 もう一つの日中戦争（V）―ノモンハン事件時のモンゴル人―

かったのである。一方、日満軍側の日本人兵士はソ連を恨んでいたかもしれないが、内モンゴルのモンゴル人兵士の方はソ連に恨みなどかけらもなかったのである[58]。逆に、モンゴル人同士はそもそも仲間なのである。ましてやバルガ人は、元々ロシアのバイカル湖の付近にいたブリヤート人が18世紀頃、中国東北部の、西北にあるホロンバイル地方に移住してきて、名称が変わったものなのである。外モンゴルのモンゴル人兵士と内モンゴルのモンゴル人兵士は、つまり仲間というよりも祖先をたどれば遠い親戚であるかもしれないのである。いわゆる「血は水よりも濃し」[59]、である。

それがノモンハン事件時にソ連軍や日本軍の命令でモンゴル人兵士同士で戦ってしまったのだから、これこそ歴史の悲劇と言えるのである。シーシキンの邦訳本には、当たり前だが先程の「装甲車の死体」の件など、一言も書かれていない。細かいことはわからなかったのであろう。戦闘に実際に参加した辻政信だからこそ、書くことができたのだと思われ

---

[58] 辻政信前掲書72頁に、「ノモンハン付近は、清朝時代ハルハ蒙古族（内蒙）と、ハルハ蒙古族（外蒙）の游牧の界である」とある。
[59] 田中克彦前掲書『ノモンハン戦争』25頁に、「対峙しあうバルガ族とハルハ族はともにモンゴル民族を構成する同族であって、その相異は、あえていえば部族的なものでしかない」とある。

る(60)。

　日本の関東軍は予定ではノモンハン事件でソ連軍に勝ち、その後にあわよくば外モンゴル侵略をも狙っていたのかもしれない。だが、大敗してこの無謀な計画はすべて、一頓挫したのである(61)。

　ここでノモンハン事件全体に関しては、塚瀬進のまとめが適切であると思われる。

　　1939年に外モンゴルとの国境問題を発端として、ノモンハン事件が勃発したことから、国境線の要塞化が進められていた。以上のように、ホロンバイルの政治的状況はロシア、モンゴル、中華民国、日本などの影響によって変転し、複雑な軌跡を辿っていたのであった(62)

と。

---

(60) 前掲書『関東軍　1』458頁にも、5月の戦闘で「遺棄死体60〜70（大半は外蒙兵）が残され」た、とある。

(61) 外務省外交史料館蔵の記録『内蒙古関係雑纂　第4巻』の「情報部　外秘第1156号」（1936年）に、「日本ハ『ソ』聯邦及外蒙國境沿線ニ長大ナル軍事的根據地ノ築造完成ヲ急イデキル」とある。因に、この文はイギリスの新聞『タイムズ』の1936年10月14日号の記事の邦訳文である。

(62) 塚瀬進『中国近代東北経済史研究』（1993年　東方書店）70頁

第5章　もう一つの日中戦争（Ⅴ）―ノモンハン事件時のモンゴル人―

以上検証してきたことから、本章の結論として、ノモンハン事件において外モンゴルと内モンゴルのモンゴル人兵士同士の衝突は若干はあり、両者共戦死者も少数とはいえ、ある程度出た。だが、その戦死者の実数は依然として不明である、となると思う。

　私は、ここまで書いてきて、一応はまとまったと考えているので、一旦筆を擱きたい[63]。

---

[63] 本文脱稿後に入手したアルヴィン・D・クックス（岩崎俊夫・吉本晋一郎訳）『ノモンハン　草原の日ソ戦――1939（下）』（1989年　朝日新聞社）に、「1942年9月、……忠魂碑がハイラルに建立された。……ノモンハン事件関係は……満軍二百二柱となっている」（251頁）とあった。この満州国軍の死者の数の中に、日本軍側のモンゴル人兵士が含まれている、と思われるのである。
楊海英『日本陸軍とモンゴル』（2015年　中央公論新社）に、ノモンハン事件の時「モンゴル人同士で戦いたくないとして、逃亡者は続発することになる」（148頁）とある。

おわりに

　以上、本著の第1章から第4章までの4つの文章で私は、日中戦争期に日本軍が中国で犯した戦争犯罪を検証した。そして最後の第5章でノモンハン事件時のモンゴル人の問題について、検証した。

　まとめてみると、「南京事件」は犠牲者数の多さからいって問題ではあるが、それでも南京という一つの地域に限定されている[1]。「三光作戦」に至っては、存在自体が疑わしい。

　それに比べて、毒ガスとアヘンの方は、中国大陸の広い範囲にその被害が及んでいたのであるから、中国人民に与えた影響という点では「南京事件」と比較にならないくらい、非常に大きな禍根を残すことになった、となると思う[2]。そこ

---

[1] 「南京事件」については、小林英夫『日中戦争』（2007年　講談社）に「上海攻略から息つく間もなく南京攻略を企図した日本軍中央と出先の指揮官たちは、殲滅戦略戦争的な視点で兵を動かした。南京が陥落すれば国民政府は降伏すると確信していた。その性急な用兵が、将兵たちが暴徒と化す原因になった」（60頁）とある。

[2] 毒ガスについては、小林英夫前掲書『日中戦争』に「記事を書いたとされるジャック・ベルデンは著名な米国人ジャーナリストで、当時、この宜昌での戦いを従軍取材し、日本軍の毒ガス使用について中国軍兵士から詳細に聞き取り調査をして使用を立証したこ

で、表題を「もう一つの日中戦争」とした。一つの結論が出たので、私はここで本著を終えたいと考えている。

とでも知られている」(218頁) とある。
また、山田朗編『陸軍登戸研究所〈秘密戦〉の世界』(2012年 明治大学出版会) に「日本軍における毒ガスの使用は、その奇襲効果、歩兵の銃剣突撃を支援する効果に着目して行われている」(47頁) とある。

あとがき

　本著の文章は私が日中戦争期の諸問題を研究していく中で、発表した論文をまとめたものである。ほぼ原文のままで、加筆はあえてほとんどしなかった。

　次に、各章の元になった論文名を記しておきたい。なお、参考文献は本文や注に書いたので、特にまとめなかった。

- 第1章

「授業実践報告【日本史A】」

　『和洋教育』第9巻　2000年4月号

　和洋国府台女子中学校・高等学校

- 第2章

「検証　日中戦争期の諸問題」

　『和洋教育』第10巻　2001年3月号

　同上

- 第3章

「続　検証　日中戦争期の諸問題」

　『和洋教育』第11巻　2002年3月号

　同上

- 第 4 章

「検証　日中戦争期の諸問題（III）」

　『和洋教育』第12巻　2003年 3 月号

　和洋国府台女子中学校・高等学校

- 第 5 章

　書き下ろし

　最後に、本著の資料収集において、私は防衛省防衛研究所図書館の方々に大変お世話になったことに、感謝したい。また、いつも応援してくれている家族にも感謝したい。

　他に東京図書出版の皆様にも感謝したい。

2016年 5 月

寺 島 英 明

寺島　英明（てらしま　ひであき）

近現代史研究家
1952年兵庫県宝塚市生まれ。
東京教育大学文学部史学科東洋史学専攻卒業後、筑波大学大学院歴史・人類学研究科（史学）博士課程を単位取得退学。2013年3月まで千葉県和洋国府台女子中学校・高等学校で、社会科教諭。
専門はモンゴル近・現代史。

〈著書〉
『大戦間期中国・内モンゴル地域の少数民族問題 ― モンゴル族の自立運動 ―』（2014年　文芸社）
〈共著〉
「世界史における民族主義 ― ソ連（ロシア）と隣接するアジア三国の領土問題を中心に ―』（『筑波大学創立十周年記念東洋史論集』1986年　雄山閣出版）
〈共訳〉
日中戦争史研究会編・訳『日中戦争史資料 ― 八路軍・新四軍』（1991年　龍渓書舎）
〈論文〉
「近代西康・青海の民族問題」（『史境』1981年10月号　歴史人類学会）
「戦間期新疆の少数民族問題 ― 盛世才時代を中心に ―」（『社会文化史学』1983年9月号　社会文化史学会）
他多数

もう一つの日中戦争

2016年5月20日　初版発行

著　者　寺島英明
発行者　中田典昭
発行所　東京図書出版
発売元　株式会社 リフレ出版
　　　　〒113-0021　東京都文京区本駒込3-10-4
　　　　電話 (03)3823-9171　FAX 0120-41-8080
印　刷　株式会社 ブレイン

© Hideaki Terashima
ISBN978-4-86223-961-7 C0020
Printed in Japan 2016
落丁・乱丁はお取替えいたします。

ご意見、ご感想をお寄せ下さい。

[宛先] 〒113-0021　東京都文京区本駒込3-10-4
　　　東京図書出版